Jutta von Grone · Die Pferdeweide

Jutta von Grone

Die Pferdeweide

Ökologie
Nutzung und Pflege
Kompostwirtschaft

Impressum

Einbandgestaltung: Dos Luis Santos
Titelfoto: Sabine Heüveldop

Fotos (Innenteil und Umschlagrückseite): Ingolf Bender
Zeichnungen: Bea Thommen

ISBN 3-275-01520-6

Copyright © 2005 by Müller Rüschlikon Verlags AG, Gewerbestraße 10, CH–6330 Cham

1. Auflage 2005

Nachdruck, auch einzelner Teile, ist verboten. Das Urheberrecht und sämtliche weiteren Rechte sind dem Verlag vorbehalten. Übersetzung, Speicherung, Vervielfältigung und Verbreitung einschließlich Übernahme auf elektronische Datenträger wie CD-ROM, Bildplatte usw. sowie Einspeicherung in elektronische Medien wie Bildschirmtext, Internet usw. sind ohne vorherige schriftliche Genehmigung des Verlages unzulässig und strafbar.

Sie finden uns im Internet unter www.mueller-rueschlikon.ch

Lektorat: Claudia König
Innengestaltung: Sabine Heüveldop
Druck und Bindung: Fotolitho LONGO, Bozen
Printed in Italy

Inhalt

▸ **Vorwort** 9

▸ **Einleitung** 10
Weide als Lebensraum 10
Ökologie 11
Frei lebende Pferde 11

▸ **Pferdehaltung in Eigenregie** 13
Vor- und Nachteile 13
Haltungsstandort 14
Weidesuche 15
Kauf-/Pachtpreis 16
Landwirtseigenschaft 17
Haltungsformen und -kosten 17

▸ **Grundlagen der gesunden Weide** 22
Wiesen und Weiden 22
Weideboden 22
Humus und Edaphon 23

▸ **Kompostwirtschaft** 25
Geschichte 25
Kompostierung 26
   Grundsätze 26
   Kompostplatz 26
   Beigaben 28
   Abdeckung 29
   Temperaturkontrolle 29
   Vernichtung von Parasiten 30
   Mistmenge/Zeitplanung 30
   Kompostreife 31

▸ **Kompostdüngung** 33
Düngetechnik 33
Düngewirkung 33

Inhalt

▸ **Bodenverbesserer** 36
Organische Produkte 36
Anorganische Produkte 37

▸ **Mineral- und Stickstoffdüngung** 40
Risiken chemischer Düngung 40
Praxis der Mineraldüngung 41

▸ **Weideführung** 47
Weideperiode 47
Zufütterung 48
Weidebedarf 48
Rinder und Schafe 50
Mini- und Maxiweide 52
Weideunterteilung 53
Weidehygiene 53
Grasberg 55

▸ **Weidepflege** 56
Reinigungsschnitt 56
Maßnahmen bei Staunässe 57
Abschleppen 58
Walzen 59
Unart: Abbrennen 59
Schutz vor Austrocknung 60
Künstliche Beregnung 60
Nachsaat 61
Unkraut 61
Giftpflanzen 64

▸ **Neuansaat** 65
Umbruchproblematik 65
   Konventionelle Direktsaat 65
   Biologische Direktsaat 66
Saatgut 67
Schonjahr 71
Hungerjahre 71

▸ **Standorteinflüsse** 72

▸ **Ernte** 74
Vorratsbedarf 74
Heu 74
Silage 77

Inhalt

▸ **Weide-Installationen** 78
Zufahrt 78
Wasserversorgung 78
   Bedeutung des Wassers für das Pferd 78
   Naturwasser 80
   Schad-/Giftwirkung 81
   Wasseraufbereitung 82
   Praktische Wasserversorgung 83
Zäune und Tore 86
Anpflanzungen 92
   Grundsätze 92
   Baumgruppen 92
   Hecken 94
Weide-Witterungsschutz 96
   Witterungsverträglichkeit 96
   Weideschutzhütte und Weidestall 97
   Weidezelte und fahrbare Schutzhütten 99

▸ **Ställe und Paddocks** 100
Stallbau 100
   Planung 100
   Grundriss 100
   Zwischenwände 101
   Box, Laufstall, Offenstall 102
   Be- und Entlüftung 104
   Statik 104
   Isolierung 104
   Vordach 104
   Anstriche 105
   Feuerschutz 106
Einstreu 107
Tränke 108
Sandauslauf 109

▸ **Fütterung** 111
Raufutter und Kraftfutter 111
Gentechnisch veränderte Pflanzen 113
Haltungs-/Futterumstellungen 114

▸ **Weiderisiken** 116
   Ängste 116
   Schwellung/Lymphödem 117
   Hufrehe und Stoffwechselstörungen 118
   Zecken 120

Inhalt

    Halfterprobleme 124
    Weidepanik 125
    Verletzungen in der Gruppe 126

- **Lebensraum Weide und Stall** 127
    Stallkatze 127
    Mauswiesel 128
    Spitzmäuse 128
    Igel 129

- **Nachwort** 130
Fünf Grundregeln 130

- **Anhang** 131
Glossar 131
Tabelle *Giftpflanzen* 136
Tabelle *Unkraut* 137
Tabelle *Terminkalender* 138
Anschriften 140
Bezugsquellen 143
Literaturverzeichnis 143

Alle Angaben in diesem Buch sind beispielhaft zu verstehen; sie erfolgen nach bestem Wissen. Jede praktische Umsetzung muss dennoch immer eigenverantwortlich geprüft werden. Für einen eventuellen Missbrauch der Informationen in diesem Buch können weder die Autorin noch der Verlag oder die Vertreiber des Buches zur Verantwortung gezogen werden. Eine Haftung für Personen-, Sach- und Vermögensschäden ist ausgeschlossen.

Vorwort

Vor mehr als 25 Jahren erschien die erste Auflage meiner »Pferdeweide«, die seinerzeit als Leitfaden zur Weidehaltung – vor allem bei Freizeitpferdehaltern ohne landwirtschaftliche Grundkenntnisse – sofort guten Anklang fand. Zum Geleit der ersten Auflage schrieb der Hippologe und Preußische Landstallmeister a. D. Dr. Wilhelm Uppenborn: »Unter gesunder Weide verstehe ich eine gut geführte, biologisch bewirtschaftete Weide, die nicht durch Kunstdünger und Herbizide der Konstitution und Gesundheit der Weidetiere abträglich ist.« Das gilt auch heute noch.

Zwar hat sich in der gesamten Pferdeszene in den vergangenen Jahren sehr viel verändert, viele exotische Rassen sind hinzugekommen, die Pferdelandschaft ist »bunter« geworden.

Eines hat sich aber erhalten und sogar durch teils dramatische Umweltprobleme noch stärker bestätigt: Umweltschutz und Naturschutz sind dringende Anliegen jeder Landbewirtschaftung. Ökologisches Bewirtschaftungsziel nach Prof. Dr. G. Preuschen sollte es sein, »… die Fruchtbarkeit der Böden zu steigern – ohne die von der konventionellen Wissenschaft entwickelten Methoden und Hilfsmittel«.

Dieses Ziel habe ich seit Jahrzehnten bis heute in meiner eigenen Bewirtschaftung mit Erfolg praktiziert und als Agrarjournalistin stets konsequent publiziert. Wenn sich schon ein Teil der professionellen Landwirtschaft aus Zwängen moderner Bewirtschaftung nicht von wenig umweltfreundlichen Praktiken trennt, so sollte der Pferdehalter wissen: Vor allem Pferde brauchen als Weidegrund naturgemäß bewirtschaftetes Grünland, das ihnen schmackhaftes, artenreiches Futter bietet.

Dazu muss man viel über Weideanlage und -bewirtschaftung sowie über Wechselwirkungen wissen, aber es sind auch zur praktischen Umsetzung Kenntnisse verschiedenster handwerklicher Vorgänge erforderlich. Die Grundlagen zu einer entsprechend erfolgreichen Praxis bietet dieses Buch, das komplett überarbeitet und in wichtigen Teilen aktualisiert wurde. Zudem wurde es mit vielen Detailfotos ausgestattet, die alles noch besser veranschaulichen.

Bedanken möchte ich mich zunächst beim Verlag, der bereit war, diese völlig aktualisierte Neuauflage nun herauszugeben. Auch danke ich allen, die mich lange Jahre mit Rat und Tat begleitet und durch Anregungen dieses Buch mit beeinflusst haben. Nennen möchte ich stellvertretend die Verlagslektorin Claudia König und den Hippologen Ingolf Bender, mit dem ich fachlich seit Jahren durch Erfahrungsaustausch verbunden bin, und der mir dankenswerterweise viele aktuelle Daten und Fakten sowie entsprechendes Fotomaterial aus seiner privaten hippologischen Forschungsstation zur Verfügung stellte.

Jutta von Grone

Einleitung

Weide als Lebensraum

Schon seit der Haustierwerdung (Domestikation) vor mehreren tausend Jahren sind Grün- und Brachländereien oder auch Waldweiden naturgemäßer Lebensraum für unsere Hauspferde.

In früheren Zeiten sind Weiden nicht standortfest eingezäunt gewesen, sondern man wanderte mit Pferden umher und pferchte sie zeitweise großflächig ein (so wurde u. a. zu starke Verwurmung vermieden). Pferde sind Herbivoren (Pflanzenfresser/Vegetarier) und Tiere der Weite, sie brauchen eine gesunde, d. h. artenreiche Weide, die ihnen vielseitige natürliche Nahrung bietet. Zudem sind auf der Weide wichtige zusätzliche Faktoren wie Abhärtung und reichliche Bewegung unter Außenklimabedingungen bei natürlichem Licht und frischer Luft gesichert. Die Weide ist unverändert eine ausschlaggebende, unverzichtbare Grundlage auch für jede Form noch so »moderner« Pferdehaltung. Verhaltensforschung und Tiermedizin belegen durch entsprechende Untersuchungen, wie notwendig – zur Vermeidung von psychischen und physischen Störungen – die Eingliederung und Haltung des Pferdes in eine artgemäße Umwelt ist. Dabei darf für ein Herdentier auch die wichtige Gemeinschaft mit Artgenossen nie fehlen.

Um jedoch die Bedürfnisse der Pferde einerseits und die Erhaltung unserer Kulturweiden andererseits berücksichtigen zu können, ist eine Fülle von Grundkenntnissen bei Bewirtschaftern von Weiden erforderlich: Denn in erster Linie durch die Eingriffe des Bewirtschafters wird das Zusammenwirken der einzelnen Umwelt- und Nutzungsfaktoren entscheidend entweder zum Positiven oder zum Negativen beeinflusst.

Ökologie

In diesem Buch soll u. a. als Grundlage für alle praktischen Bewirtschaftungsmaßnahmen ein Überblick über die vielfältig verflochtenen Wechselwirkungen und Beziehungen der pflanzlichen und tierischen Lebewesen gegeben werden. Dadurch wird deutlich, wie notwendig die Erhaltung dieses nur als Ganzheit zu begreifenden biologischen Gefüges ist.

Allein aus der notwendigen Gesamtschau wird klar, dass schon das Außerachtlassen einzelner Faktoren die frühere oder spätere Degenerierung einer Weide bewirkt. Das heißt als Folge: Die Gesundheit der Weidepferde wird beeinträchtigt, z. B. durch ungünstige Umschichtungen im Pflanzenbestand aufgrund von Mangeldüngung, Bodenverdichtung oder zu starker Besatzdichte. Die Ernährungsgrundlage, aber auch der Lebensraum für eine eigentlich anzustrebende vielfältige Pflanzen- und Tierwelt leiden unter degenerativen Auswirkungen.

Auf diese einzelnen Faktoren wird später noch eingegangen. Man berücksichtige, dass jede Kette nur so stark ist wie ihr schwächstes Glied. Vernachlässigt man dauerhaft auch nur einen Faktor des Gesamtkomplexes, so bricht die Kette: Das ökologische Gleichgewicht wird gestört, das Bodenleben stirbt und der faktische, für Pferde so wichtige naturgemäße Ernährungswert des Grünlandes sinkt!

Frei lebende Pferde

Für jede Haltung von Hauspferden ist es unumgänglich, sich schon bei der Planung in wichtigen Punkten an der Natur zu orientieren. Neben den letzten echten Wildpferden (Equus przewalski), die in Zoos und Reservaten sowie ausgewildert in China (Mongolei) gehalten werden, sind Beobachtungen

■ *Stuten und Fohlen einer typischen Familiengruppe innerhalb der Dülmener Wildbahnherde.*

von in der Natur frei lebenden verwilderten Hauspferden dazu nützlich. Von diesen Beobachtungen kann man vergleichend für jede Haltung ausgehen und Forschungsergebnisse verwerten.

Das (»Wild«-)Pferd ist auch heute noch ein hoch spezialisiertes Fluchttier, das selten in größeren Herden, meist nur in kleinen Familiengruppen lebt (zu sehen z. B. bei den Mustangs in Nevada/Nordamerika).

Weite Flächen durchziehen solche Pferdegruppen als so genanntes Fernwanderwild, sie sind täglich mehrstündig »in Bewegung«. Erforschung und Beobachtungsdaten solcher wild oder halbwild lebenden Pferde (zum Beispiel auch in der Dülmener Wildbahn) haben natürliche Gesetzmäßigkeiten erkennen lassen, die für die Praxis der Pferdehaltung und insbesondere für die Weidebewirtschaftung und -pflege von großer Bedeutung sind.

Dazu gehören als typische Bedürfnisse und Lebensgewohnheiten:
▸ ein weiträumiges Gelände
▸ mit unterschiedlichen Bodenarten und
▸ einer vielseitigen, nicht zu üppigen Pflanzendecke (Gräser, Kräuter, Bäume, Sträucher).

Solche Bedingungen animieren Pferde im besten Falle, der Natur entsprechend zwecks Nahrungssuche »in Bewegung« zu bleiben – ohne zu verfetten.

Einleitung

PFERDEVERHALTEN*

Verhaltensmerkmale	Verhaltensdaten
Zurückgelegte Strecke beim Weiden	7 bis 10 km
Zeitdauer der Futteraufnahme	12 bis 16 Stunden
Wasseraufnahmefrequenz	1 bis > 40-mal
Tiefschlafdauer bei ausgewachsenen Pferden	2 bis 4 Stunden
Tiefschlafdauer bei Fohlen/Jungpferden	4 bis 8 Stunden
Entfernung Weideplatz zur Wasserstelle	bis zu 20 km

* Angegeben sind durchschnittliche Daten bezogen auf einen 24-Stunden-Tag (Quellen: BENDER, I.: Langzeitbeobachtung einer gemischtrassigen Pferdeherde bestehend aus Vollblutarabern, Fjordpferden und Dülmenern in überwiegend ganzjähriger Weidehaltung mit Offenstall, Dokumentation, Eschebrügge 1995 sowie BENDER, I.: Die Pferde der Dülmener Wildbahn in Westfalen – Verhaltenskundliche Studien und ernährungsphysiologische Daten, Dokumentation, Merfeld 2004)

Die heutige Umwelt in Europa bietet aber nur selten Bedingungen, die den natürlichen Lebensräumen entsprechen. Eine Ausnahme findet sich im Westen der englischen Grafschaft Devon. Dort lebt eine sehr große Herde Dartmoorponys frei auf etwa 1.000 Hektar im Nationalpark Dartmoor, was wirklich sehenswert ist (Kontakt: Dartmoor National Park Authority, Tel.: 0044-(0)1626-832093, www.dartmoor-npa.gov.uk).

Vieles ist in der europäischen Zivilisation beengter, kleinräumlicher und zur notwendigen Sicherheit von Mensch und Tier eingezäunt, aber dennoch muss – selbstredend immer auch unter Berücksichtigung einer vernünftigen Nutzung der Pferde – dafür gesorgt werden, Pferde wenigstens weitgehend auch auf begrenzter Fläche naturentsprechend zu halten. Kompromisse dürfen dabei nie soweit gehen, dass Pferde völlig unnatürlich auf engstem Raum ohne jede Naturgrundlage gehalten werden und ihr Eigenbewegungsbedürfnis rigoros beschränkt wird.

> ▶ **Zum Wohle der Pferde**
> *Ausschließlich geschlossene Stallhaltung ist deshalb aus tierschutzrechtlichen Gründen energisch abzulehnen. Eine Weide ist demnach für jede Pferdehaltung als natürlicher Auslauf und (Teil-) Nahrungsgrundlage unerlässlich und auch in der Vegetationszeit unersetzlich – das sollte unbedingt bei jeder Planung und Auswahl des Standorts einer Pferdehaltung berücksichtigt werden. Gleichzeitig muss das Grundbedürfnis nach Sozialkontakten zu Artgenossen berücksichtigt werden, was nur über ganztägige oder zeitweise Gruppenhaltung in Weide und Auslauf verwirklicht werden kann.*

Pferdehaltung in Eigenregie

Vor- und Nachteile

Bei vielen Pferdeliebhabern steht das Zusammenleben mit Pferden als Wunsch ganz obenan, denn jede Haltung des eigenen Pferdes in einer Pension ist häufig für Pferdeleute ein Zwangs-Kompromiss. Man bezahlt als Pferdeeigner den Pensionsgeber für Unterbringung, Versorgung und eventuell auch für die Pflege und zeitweise Bewegung des Pferdes. Dabei ist verständlich, dass viele Haltungsvorgänge in Pensionen reglementiert werden müssen, denn es kann dort nicht jeder Pferdeeigner eigene Vorstellungen praktizieren. Sehr oft fehlen leider in Pensionshaltungen genügend große Weideflächen oder diese sind – so vorhanden – total verkotet und vom Pflanzenbestand her ohne Ernährungswert, weil sich niemand fachgerecht darum kümmert und/oder die Pensionspferdebesitzer den Zeitaufwand für das Absammeln nicht bezahlen wollen.

Einziger, großer (vordergründiger) Vorteil der Pensionshaltung: Mehr Freizeit, keine strenge zeitliche Bindung für den Pferdeeigner! Vor allem für wenig erfahrene Pferdeleute und beruflich oder familiär zeitlich stark gebundene Pferdeeigner empfiehlt sich deshalb, (zunächst) immer eine fachgerechte Pensionshaltung – unbedingt aber mit täglichem wenigstens einstündigem Minimal-Weidegang auf Weiden, die diese Bezeichnung auch verdienen – zu wählen.

Fachgerechte Pensionsplätze, wo auch die Weidepflege stimmt, gibt es allerdings nicht überall und selten zu Niedrigpreisen! Am ehesten sind landwirtschaftliche Haltungen aus diesem Gesichtspunkt heraus zu empfehlen, besonders, wenn dort Rindvieh für den nötigen Weideausgleich vorhanden ist. Nach einiger Erfahrungszeit und Abschätzung der eigenen Fähigkeiten und Möglichkeiten kann man später immer noch sein »Traum-Ziel« – die Eigenhaltung – irgendwann vielleicht verwirklichen. Für den Stadtmenschen ist die Pensionshaltung oft die einzige Möglichkeit, ein eigenes Pferd unterbringen zu können.

Eigenhaltung bietet viele Beschäftigungsmöglichkeiten und besten Kontakt mit den eigenen Pferden. Oft aus Frust über einen ungeeigneten Pensionsplatz, der z. B. durch Haltungsmängel hohe Tierarztkosten beschert hat, oder auch aus zwischenmenschlichen Konfliktsituationen heraus (z. B. Mobbing im Reitstall), wird der Wunsch nach Eigenhaltung verstärkt.

Schon die viel versprechende Vorstellung, man könne bei Eigenhaltung »alles selbst entscheiden und machen«, brauche also gar niemanden mehr und könne auch praktisch alles alleine machen, beflügelt viele Pferdeleute, über den Schritt zur Eigenhaltung nachzudenken. Die Praxis sieht dann aber meist anders aus, denn man braucht schon hier und da Hilfe und auch bestimmte

Pferdehaltung in Eigenregie

Zwänge sind nie auszuschließen, womit das »Ideal der absoluten Freiheit« begrenzt wird.

Durch tägliche Haltungsvorgänge und vielfältige Beobachtung lernt man Pferde bei Eigenhaltung tatsächlich aber erheblich besser kennen als bei einer Pensionseinstellung. Das wirkt sich letztlich auf Umgangsmanieren und Leistungsfähigkeit der Pferde sehr positiv aus. Auch erlebt man durch saisonal unterschiedliche Haltungsarbeiten auf dem Weideareal bei Eigenhaltung den Naturkreislauf wesentlich intensiver als bei einer Fremdhaltung.

Dabei ist Pferdehaltung direkt beim Haus auf eigenem Grundstück mit Weideland durchweg die kostengünstigste Unterbringungsmöglichkeit, aber auch – und das darf bei aller Euphorie nie übersehen werden! – die arbeitsintensivste Haltungsmöglichkeit mit hoher Zeitbindung. Für zwei Pferde sind im Jahresschnitt täglich zwei Stunden Arbeitszeit für Haltungs-, Versorgungs- und Reparaturarbeiten das Minimum.

▸ Will man eigentlich für sich selbst nur ein einzelnes Pferd anschaffen, sollte zu einer artgemäßen Eigenhaltung dennoch ein zweiter Artgenosse dazugesellt werden, denn Pferde sind Herdentiere und brauchen täglich Sozialkontakte zu Artgenossen. Konsequenz: Man schafft entweder selbst noch ein zweites Pferd oder Pony an oder nimmt zum eigenen Vierbeiner noch eines in Pension oder aber man gründet gleich eine so genannte Haltergemeinschaft, die aus mehreren Besitzern und mehreren Pferden besteht. Andere Tiere, z. B. die Stallkatze oder Schafe als Weidepartner, können einem Pferd zwar, (ebenso wie der Mensch) Gesellschaft leisten, doch niemals den Artgenossen ersetzen.

▸ Wer den Nutzungs-Schwerpunkt auf reit- und fahrsportliche Ziele legt, dabei unumgänglich häufige Trainingsstunden und Turnierteilnahme anstrebt, muss entweder selbst über hohe Zeitreserven verfügen, um Eigenhaltung und Sport in Einklang zu bringen oder sich Personal leisten können bzw. (rare) zuverlässige Helfer einsetzen. Ohne diese Voraussetzungen konkurrieren auf Dauer Haltungs- und Nutzungsinteressen sehr stark miteinander.

Haltungsstandort

Neben der eigentlichen Haltungsform (Weide plus Box oder Offenstall mit Paddock bzw. Kombinationsformen) ist die richtige Wahl des geeigneten Haltungsstandorts für die Zufriedenheit und die rechtliche Zulässigkeit von Haltungseinrichtungen auf dem Weidegelände (Stall, eventuell befestigter Paddock und kleiner Reitplatz) enorm wichtig.

Soweit geeignete eigene arrondierte Flächen bzw. Unterbringungsmöglichkeiten beim Haus (zum Beispiel in einem Dorf) zur Verfügung stehen, ist eine Eigenhaltung noch am ehesten unproblematisch. Voraussetzung ist, dass Pferdehaltung auch an diesem Standort rechtlich zulässig ist.

Ob eine Pferdehaltung aber zulässig ist, richtet sich u. a. nach den Festsetzungen des geltenden Flächennutzungs- und Bebauungsplanes für diesen Standort bzw. die konkrete Parzelle. Unzulässig ist jede Pferdehaltung zum Beispiel immer in Ortslage mit geltendem so genanntem Bebauungsplan, in dem diese konkrete Lage als »reines Wohngebiet« ausgewiesen ist.

Dort wo kein Bebauungsplan gilt (weil keiner von der Gemeinde/Stadt aufgestellt wurde), richtet sich die Zulässigkeit nach Ortsüblichkeit. Das bedeutet, dass z. B. auf dem Lande – im Dorf oder am Dorfrand (wo häufig keine Bebauungspläne aufgestellt wurden) – durchweg keine größeren rechtlichen Probleme im Hinblick auf die Zulässigkeit einer Pferdehaltung bestehen.

Weidesuche

■ *Für Weidepausen brauchen Pferde einen Auslauf, wie hier die Isis vom Islandpferdehof Grenzdyck.*

Immer ist für Pferde aller Nutzungsrichtungen wenigstens zeitweise Weidehaltung erforderlich. Zusätzlich braucht man auch einen Stall. Aber dazu muss man erst einmal etwas Passendes finden. Ohne die richtige Taktik funktioniert das nicht – hier werden von Neueinsteigern die häufigsten Fehler gemacht. Wie stellt man das also richtig an? Man hört sich in Kneipen um, spricht Landwirte an, knüpft Verbindungen oder schaltet im regionalen Zeitungsteil eine Suchanzeige. Typische private Pferdehalter haben es als Nichtlandwirte generell nicht einfach, geeignetes Weideland oder Stallräume zu finden, um diese kaufen oder pachten zu können. Es fehlen bei manchen ausreichende landwirtschaftliche Kenntnisse und Fertigkeiten, die aber für eine ordnungsgemäße Grünlandpflege unerlässlich sind. Landwirte legen Wert auf Fachkenntnisse bei ihren Pächtern und ein allgemeines Verständnis für die Belange der Landwirtschaft.

Wichtig ist deshalb, dass Pferdehalter sich fachlich mit der Weidematerie beschäftigen, etwas über Weidepflege sowie Düngung und Zaunbau lesen und praktisch anwenden können. Im Gespräch mit einem Landwirt (und natürlich in der Praxis) kann dieses Wissen dann vorteilhaft bei der Suche nach einer Weide verwendet werden. Das öffnet ganz erheblich bessere Chancen zu einem Pachtverhältnis, als man gemeinhin glaubt.

Ideale, artenreiche Pferdeweiden sind eher selten oder gar nicht zu finden. Meist sind sie erst das Ergebnis jahrelanger Mühe – und auch dann kann die Natur durch missliche Witterung noch ihre »Tücken« entwickeln. Wenn als künftiges Weideland nur zunächst mehr oder weniger ungeeignete Flächen zur Verfügung stehen, dann bietet sich die Möglichkeit an, stark verkrautetes Brachland oder ehemaliges Ackerland in eine Weide umzuwandeln. Es wird die Anla-

In städtischen Siedlungen oder an deren Rand (auch wenn es sich nicht explizit um reine Wohngebiete handelt) sind u. U. zum Beispiel Nachbarrechtsfragen (u. a. wegen möglicher Immissionen) stärker zu berücksichtigen und insbesondere auch baurechtliche Hemmnisse erst mühevoll zu überwinden. Es kann eher schwierig werden, wenn man keine eigenen Grundstücke besitzt, sondern Flächen oder Ställe anpachten muss. Immer gilt es dann, zunächst an einem geeigneten Standort einen verlässlichen Verpächter zu finden, der bereit ist, auch einen entsprechend langfristigen Vertrag zu akzeptablen Konditionen abzuschließen. Bevor man etwas anpachtet, sollte man tunlichst alle Rechtsfragen abklären.

Zusagen des Verpächters oder eines Maklers sind oft nichts weiter als unverbindliche Äußerungen. Es haftet nur, wer seine schriftlichen Zusicherungen beweisbar unterschrieben hat. Auch bereits bestehende Stallgebäude, die man anpachten will, können (wie die Praxis in einigen Fällen zeigt) durchaus »Schwarzbauten« sein, die man unter Umständen als »frisch gebackener« Pächter vor Abriss wieder verlassen muss. Nicht der Verpächter kann eine eventuell erforderliche Stall-Baugenehmigung in Aussicht stellen, sondern nur die zuständige Stadt-/Kreis-Baubehörde.

Pferdehaltung in Eigenregie

ge einer Weide durch komplette Neuansaat erforderlich (siehe dazu Seite 65).

Hat man zum Beispiel Brachland als künftige Weide in Aussicht genommen, wird man den Pachtpreis entsprechend gering anzusetzen haben, denn die Aufwendungen zur Umwandlung sind über Jahre hinweg recht groß und in der Regel ohne Maschinen nicht verkraftbar. In Natur- und Landschaftsschutzgebieten vergewissere man sich vor Kauf oder Pacht, ob und welche Zäune überhaupt gebaut werden dürfen. Meist sind dort zum Beispiel keine Massivzäune und auch keine weißen, sondern nur Elektrozäune mit grünen oder braunen E-Zaun-Bändern zulässig. Bei Kauf- oder Pachtverhandlungen sollten Pferdehalter generell Landwirte, die vielleicht manchmal zurückhaltend bieder wirken mögen, nie unterschätzen. Sie sind oft genug kenntnisreiche Verhandlungspartner!

Kauf-/Pachtpreis

Wer nicht über eigenes Land oder Nutzgebäude verfügt, muss demnach Weiden oder einen Stall anpachten oder kaufen. Die gesetzlichen Vorschriften zu Kauf und Pacht sind im Privatrecht sowie in Spezialgesetzen (zum Beispiel Grundstücksverkehrsgesetz) enthalten. Für Pachtverhältnisse gibt es Vertrags-Formulare bei den Landwirtschaftsbehörden. Pacht ist nicht gleichzusetzen mit Miete. Wesentlicher Unterschied zwischen Pacht und Miete ist, dass bei der Pacht der Pächter im Regelfall sämtliche Unterhaltungskosten tragen muss, zum Beispiel Zaununterhaltung und Dachausbesserung.

Eine eventuelle Vermietung von Weidegrundstücken zum Beispiel, bei denen der Vermieter dann (ähnlich wie bei einer Mietwohnung) alle Unterhaltungsaufwendungen für das Grundstück zu tragen hätte, ist unüblich und man sollte danach auch erst keinen Landwirt fragen! Hat man einen reellen Vertragspartner gefunden, dann muss u. a. der Pacht- oder der Kaufpreis ausgehandelt werden. Üblicherweise wird die Pacht jährlich gezahlt, wobei die Höhe des Preises zum Beispiel für eine Weide sich nach der Lage, der Qualität und dem Zustand der Zäune und der Wasserversorgung richtet (für die Unterhaltung der Zäune/Wasserversorgung ist der Pächter zuständig). Durchschnittlich werden für Weiden je Morgen (= 2.500 qm) im Jahr etwa 100 bis 200 Euro gezahlt.

In Stadtnähe bei großer Nachfrage kann der Grünlandpachtpreis für Pferdehalter auch 500 Euro im Jahr betragen, in abgelegenen Gebieten mit geringer Nachfrage oder bei ungepflegten, stark verkrauteten Flächen oder so genannte Obstwiesen (die in der »Fallobstsaison« ab August kaum nutzbar sind!) auch nur 25 Euro. Für die Anpachtung oder Anmietung von ländlichen Gebäuden oder Resthöfen sind Durchschnittswerte nur sehr schwierig zu ermitteln, denn Lage und Zustand sowie Nutzungsmöglichkeiten aufgrund der jeweiligen Infrastruktur sind zu unterschiedlich. Man rechnet für einen kleinen Hof mit teil-sanierungsbedürftigem Wohnhaus, einem Stall und zwei Morgen Land in 50 km Entfernung zu einer Großstadt mit ungefähr 6.000 bis 8.000 Euro jährlicher Pacht. Das kann in entlegenen Eifelgebieten oder im Emsland noch günstiger sein, aber in der Nähe von Hamburg, Düsseldorf, Stuttgart oder München auch ganz erheblich darüber liegen. Hier werden dann monatlich bis zu 1.500 Euro Pacht für solch kleine Anwesen verlangt.

Will man landwirtschaftliche Nutzflächen, Stallgebäude oder Resthöfe nicht pachten, sondern kaufen, dann muss der Vertrag über einen Notar abgewickelt werden, der auch eventuell Genehmigungen nach dem Grundstücksverkehrsgesetz (zum Beispiel Genehmigung der Landwirtschaftsbehörde) einholt oder Vorkaufsrechte (zum Beispiel solche der Gemeinde) zu prüfen hat. In jeder Gemeinde/Stadt bzw. beim Landkreis gibt es so genannte Bodenrichtwertkarten, die zur groben Kaufpreisorientierung dient. Ein Morgen Weide kann 20.000 Euro kosten. Land mit sehr ertragsschwachem Sandboden oder felsigem Untergrund mit Hanglage in Mittelgebirgen kann aber örtlich auch schon je Morgen für etwa 10.000 Euro erstanden werden. Kaufpreise für Resthöfe differieren sehr stark. Feststellbar ist ein Nord-Süd-Gefälle, das heißt, im Norden (etwa in Ostfriesland) ist es billiger als im bayerischen Süden. Kostengünstiger als Kauf eines Grundstücks kann der Erwerb über so genannte Erbpacht sein. Man zahlt dann nicht den Grundstückspreis, sondern einen Erbpachtzins, der über 99 Jahre läuft.

■ *Eine Außenbox, die gleichzeitig als Offenstall dienen kann.*

zungsmöglichkeiten und Bau- bzw. Umbau- und Umnutzungsberechtigungen zu prüfen (in 16 deutschen Bundesländern gibt es zum Beispiel 16 verschiedene Landesbauordnungen).

Landwirtseigenschaft

Mit Pacht/Miete oder Kauf einer landwirtschaftlichen Nutzfläche oder eines Resthofes ist der Pferdehalter allerdings noch kein baurechtlich privilegierter Landwirt im Sinne der Baugesetzgebung (zum Beispiel im so genannten Außenbereich nach § 35 Baugesetzbuch). Pferdehaltung ist zwar grundsätzlich eine sinnvolle landwirtschaftliche Bodennutzung, aber nicht automatisch ein landwirtschaftlicher Betrieb.

Der Bau von Boxen, Offenställen oder einfachen Schutzhütten bedarf deshalb bei Nichtlandwirten, die Weideland bewirtschaften, grundsätzlich immer bauaufsichtsrechtlicher und landschaftsschutzrechtlicher Genehmigung (abhängig von ihrer Größe dürfen solche Bauvorhaben von anerkannten Landwirten in der Regel genehmigungsfrei erstellt werden, wenn die Bauten ihrem Betrieb dienen). Vor Kauf oder Pacht von Weideland oder Resthöfen empfiehlt es sich deshalb besonders, die aktuelle und regional nicht einheitliche Rechtslage im Hinblick auf Nut-

Haltungsformen und -kosten

Ob Boxenhaltung, Offenstallhaltung oder Kombinationsformen, man benötigt für jede Pferdehaltung Flächen und Gebäude. Berücksichtigt werden muss dabei u. a., wie viel Pferde, welcher Rasse und zu welchen Nutzungszielen gehalten werden sollen. Daraus ergeben sich unterschiedlich große Flächen- und Gebäudeanforderungen.

Ein »Spaßvogel-Autor« regte seinerzeit in einem Haltungsbuch allen Ernstes an, man solle Garagen zur Pferdehaltung nutzen! Davon ist allerdings entschieden abzuraten, weil – neben der baurechtlich erforderlichen, aber durchweg problematischen Umnutzungserlaubnis – schon Be- und Entlüftung für Stallzwecke unzureichend sind. Die Tabelle auf den Seiten 18 und 19 enthält zur Orientierung und Abschätzung der eigenen Möglichkeiten die Mindestanforderungen an Flächen und Gebäude für unterschiedliche Haltungsformen. Die Tabelle auf den Seiten 20 und 21 zeigt rein beispielhaft mögliche Kosten auf.

Pferdehaltung in Eigenregie

MINDESTMAßE FÜR FLÄCHEN UND GEBÄUDE

Haltungsform	Stall
▶ 1. **Boxenhaltung** (Einzelboxen) 	zwei Boxen à 16 qm
▶ 2. **Offenstallhaltung** (Gruppenauslauf) 	Offenstall mit zwei Funktionsbereichen a) Liegebereich 30 qm b) Fressbereich (Fress-Stände) 10 qm
▶ 3. **Weidehaltung im Sommer; Gruppenauslauf-Offenstallhaltung im Winter** 	a) Offenstall mit integriertem Fressgitter für zwei Stuten und zwei Fohlen, Fläche 60 qm (optimal: plus zwei Not- bzw. Abfohl-Boxen à 20 qm); b) Weideunterstand mit Anbindemöglichkeit, Fläche 30 qm

Mindestmaße für Flächen und Gebäude

BEI UNTERSCHIEDLICHEN HALTUNGSFORMEN*

Paddock	Weide	Lager- und Geräteraum
entweder jeweils ein Paddock vor jeder Box (Mindestbreite ca. 4 m, Länge 8 m) oder (vorzugsweise) ein vegetationsloser Gemeinschaftsauslauf vor dem Stall (Flächengröße wenigstens 100 qm)	wenigstens ein Morgen (= 2.500 qm); optimal sind 5.000 qm	50 cbm
vegetationsloser Paddock vor dem Offenstall; Flächengröße: 100 qm (optimal 15 x 20 m = 300 qm)	wenigstens ein Morgen (= 2.500 qm); optimal sind 5.000 qm	50 cbm
vegetationsloser Paddock vor dem Offenstall; Fläche 150 bis 300 qm	drei Morgen, besser vier Morgen (= 7.500 bis 10.000 qm)	50 cbm

* Die genannten Maße und Flächenangaben beziehen sich als Beispiel (zu 1. und 2.) auf die Haltung von zwei Warmblutpferden der Rasse Deutsches Reitpferd, die sportlich genutzt werden und in der Vegetationszeit täglich nur begrenzt weiden (ohne eigene Winterfuttererzeugung); zu 3. auf die Haltung von zwei Warmblut-Zuchtstuten mit Fohlen, die im Sommer ganztägigen Weidegang brauchen (ohne eigene Winterfuttererzeugung).

Pferdehaltung in Eigenregie

PAUSCHALE KOSTEN

Haltungsform	Baukosten für Stall-/Vorrats-/ Paddock- und Weideanlage (einmalige Investitionen – ohne Handwerkerlöhne)
▶ **1. Boxenhaltung** (Einzelboxen) 	Reihenboxenstall mit Futterlager und Gerätekammer aus massiven »Blockhaus«-Holzbohlen, mit Ziegel-Satteldach; gepflasterte Einzelpaddocks mit Stahleinzäunung; ein Morgen Weide, eingeteilt in drei Koppeln und eingezäunt mit drei Reihen E-Zaunband, Holzpfähle im Abstand von 2,50 m; Eisentore **40.000 Euro**
▶ **2. Offenstallhaltung** (Gruppenauslauf) 	Offenstall mit Liege-, Fress- und Lagerbereich in Einfachbauweise mit Flachdach; 100 qm Sandpaddock (drainiert mit Bodengitterplatten); ein Morgen Weide, eingeteilt in drei Koppeln und eingezäunt mit drei Reihen E-Zaunband, Holzpfähle im Abstand von 2,50 m; Eisentore **25.000 Euro**
▶ **3. Weidehaltung im Sommer; Gruppenauslauf-Offenstallhaltung im Winter** 	Offenstall plus Abfohlbox sowie Futterlager und Geräteraum in Einfachbauweise; einfacher Pultdach-Weideunterstand; 300 qm Sandpaddock (drainiert mit Bodengitterplatten); drei Morgen Weide, eingeteilt in acht Koppeln und eingezäunt mit drei Reihen E-Zaunband, Holzpfähle im Abstand von 2,50 m; Eisentore **55.000 Euro**

[1] Die Angaben sind rein beispielhaft zu verstehen; sie beziehen sich auf konkrete Praxisfälle und sind Durchschnittswerte (ohne Löhne), können aber sehr wohl bei besonders günstigen Verhältnissen (u. a. preiswerter Bezug von Baumaterialien, z. B. Bauholz für den Stall oder Sand für den Paddockbau) nach unten korrigiert oder – z. B. bei sehr hohen Zukaufpreisen für Raufutter oder ungewöhnlich hohen Tierarztkosten – auch ganz erheblich darüber liegen. Die Kosten sind Jahreskosten, sie beziehen sich als Beispiel (zu 1. und 2.) auf die Haltung von zwei Warmblutpferden der Rasse Deutsches Reitpferd, die sportlich genutzt werden und in der Vegetationszeit täglich nur begrenzt weiden (ohne eigene Raufuttererzeugung); zu 3. auf die Haltung von zwei Warmblut-Zuchtstuten mit je einem Fohlen, die im Sommer ganztägigen Weidegang brauchen (ohne eigene Raufuttererzeugung).

Pauschale Kosten

BEI UNTERSCHIEDLICHEN HALTUNGSFORMEN[1)2)]

Allgemeine Unterhaltungskosten (laufende Kosten p.a.)	**Weidehaltung** (laufende Kosten p.a.)	**Stall-/ Paddockunterhaltung** (laufende Kosten p.a.)
u. a. Gebäudeunterhaltung, Versicherungen, Wasser, Strom, Tierarztkosten, Hufpflege – ohne Beschlag, Mistabholung	u. a. Düngemittel, Zaunreparaturen, Nachsaat	u. a. Kauf von Rau- und Kraftfutter – einschließlich Zufutter für den Sommer, Einstreu
1.000 Euro	**200 Euro**	**2.000 Euro**
1.000 Euro	**200 Euro**	**2.000 Euro**
2.500 Euro	**600 Euro**	**4.000 Euro**

[2)] Sowohl die Investitionen als auch die laufenden Kosten sind teilweise erheblich geringer bei der Haltung kleinerer Rassen mit geringerem Flächenbedarf und vor allem reduziertem Rau- und Kraftfutteranspruch.
Werden beispielsweise statt der beispielhaft genannten Warmblutpferde mittelgroße Robustrassen wie Connemaras, Fjordpferde, Haflinger oder Isländer gehalten, können überschlägig rund 40 % der genannten Kosten abgezogen werden.

▸ Grundlagen der gesunden Weide

Wiesen und Weiden

In der Landwirtschaft wird jede nutzbare Fläche, die mit Futtergräsern und -kräutern bewachsen ist, als »Grünland« bezeichnet. Im Wesentlichen wird »Grünland« unterteilt in Wiesen und Weiden.

Dabei ist die Weide eine beweidungsfähige, das heißt für Weidetiere genügend trittfeste Fläche. Im Allgemeinen sind Weiden massiv eingezäunt – ausgenommen davon sind beispielsweise in einigen Bergregionen die Almweiden, die nur mit E-Wanderzaun bewirtschaftet werden.

Unter Wiese wird eine nicht eingezäunte Fläche verstanden, die durchweg nur gemäht wird, weil der Boden nicht genügend trittfest ist und sich z. B. durch Staunässe (u. a. in Flusstälern) eine Beweidung zur Schonung des Bodens völlig verbietet. Gleiches gilt für Hangwiesen, die nicht selten durch eine Beweidung mit teils unvermeidlicher Narbenschädigung bei ungünstiger Witterung (u. a. nach starken Regenfällen) zu erodieren bzw. »abzurutschen« drohen.

Der Begriff »Mähweide« wird benutzt für Wiesen und für Weiden, wenn diese Flächen zeitweise sowohl gemäht als auch beweidet werden.

Üblicherweise nicht eingezäunte Wiesen sind mit Elektro-Wanderzaun bei trockener Witterung kurzzeitig beweidungsfähig.

Weideboden

Die Grundfrage für jeden Weidebewirtschafter lautet: »Wie kann ich am nachhaltigsten, also nicht nur kurzzeitig, sondern dauerhaft eine gesunde Weide erzielen?« Zur Beantwortung dieser Frage muss man – im wahrsten Sinne des Wortes – der Sache auf den Grund gehen: Denn genau dort beginnt alles, nämlich im »Grund«, d. h. im Boden selbst. Oder besser: im lebendigen Boden. Denn der Boden ist nicht irgendwie eine klar umgrenzte, eindeutig bestimmbare che-

■ *Weideaufwuchs einer ökologisch bewirtschafteten Weide gegen Ende der Blüte im Juli.*

Humus und Edaphon

■ Weidefläche gegen Ende April zur Zeit des Anweidens; die Vegetation sollte dazu etwa 15 cm hoch gewachsen sein.

mische Substanz oder – grob ausgedrückt – nur einfach »Dreck«, sondern eine faszinierende Komposition vieler organischer und anorganischer Elemente: der Boden »lebt«! Der Dichter Friedrich Schnack hat ihn, den lebendigen Boden, überaus anschaulich wie folgt geschildert:

»Sprechen wir vom lebendigen Boden, so meinen wir die obere Kulturschicht, deren Durchschnitt ungefähr zehn bis dreißig Zentimeter beträgt und in der sich das Leben der Bodenbakterien am regesten vollzieht, während es der Tiefe zu abnimmt. Wo es endet, liegt die Grenze des Lebens, beginnt der tote Boden, der sterile Grund. Der fertige Boden, darin die Pflanzen wurzeln, heißt Muttererde, ein Bio-Wort der Würde und des Vertrauens. Diese Erde spendet Kraft, Leben, Frucht, Öl, Wein, Honig und Milch. Die Pflege dieses Schatzes machte einst aus dem Wilden den Gesitteten, aus dem Schweifenden den Bleibenden. Er veredelte und vervollkommnete die rohen vorgegebenen Anlagen der Natur und wurde zum Menschen. Dieses Geschehen drückte Schiller aus mit den Worten: »Dass der Mensch zum Menschen werde, stift´ er einen ew`gen Bund – gläubig mit der frommen Erde, seinem mütterlichen Grund.«

Der mütterliche Grund ist kein totes Gemenge von Mineral, er ist der zeugende Stoff, der vegetative Keimgrund. In einer Hand voll Muttererde ist mehr als eine Hand voll Leben enthalten. »Misch Wasser und Sand – und du erhältst keine Muttererde! Vermeng Wasser mit Gesteinsmehl – und es kommt ebenso wenig Muttererde zustande! All´ das ist tot oder liegt in totenähnlichem Schlafe.«

Humus und Edaphon

Das Lebendige im Boden wird bewirkt durch den Humusanteil. Mit der Humusvermehrung im Boden steigt gleichzeitig der Stickstoffgehalt (Chemisches Zeichen: N), der wiederum für das Pflanzenwachstum

Grundlagen der gesunden Weide

> ▸ **Wichtig**
>
> Humus ist Träger und Förderer der Bodenfruchtbarkeit, eine chemische Formel dafür gibt es nicht. Ohne Humus kann auf Dauer kein Pflanzenleben bestehen. Ohne Pflanzen, die nicht nur den lebenswichtigen Sauerstoff erzeugen, sondern auch für Mensch und Tier die Grundnahrung, ist kein höher organisiertes irdisches Leben möglich.
>
> **Wesentliche Gefahren für das Bodenleben sind:**
> ▸ Hochkonzentrierte, überreichliche Gaben chemischer Düngemittel, die man gemeinhin auch Mineraldünger oder »Kunstdünger« nennt (darunter fallen nicht das ballastreiche Thomasphosphat/Thomasmehl, die Rohphosphate und Kalimagnesia, soweit sie in mäßigen Mengen angewendet werden; siehe hierzu auch Seite 39)
> ▸ Schädlingsgifte
> ▸ Motorabgase und andere Schadgase, insbesondere auch das Schwefeldioxid sowie Blei- und Fluorrückstände

eine entscheidende Rolle spielt. Der Humus selbst enthält alle toten Reste der Lebewesen von Flora und Fauna; den leicht zersetzlichen Humusanteil nennt man Nährhumus, der stabile Rest wird als Dauerhumus bezeichnet. Im Humus leben die Bodenorganismen (Bakterien, Strahlenpilze usw.), die »geheimen Arbeiter des Tiefbaus – die Biochemiker«. Ihre Tätigkeit bewahrt letztlich Mensch und Tier vor dem Verhungern. Diese Lebewesen sind teils mikroskopisch winzig, ihre Lebensgemeinschaft im Boden heißt Edaphon.

Nahrungsquellen der Kleinlebewesen, vor allem der Bakterien, sind die von ihnen zersetzten organischen Stoffe, im Wurzelbereich der Pflanzen auch deren Ausscheidungen sowie abgestoßene Wurzelhaut und Wurzelhaare.

Die Existenz der Bodenlebewesen macht es den Pflanzen möglich, den Stickstoff der Luft aufzunehmen. Stickstoff (N) ist ein flüchtiges Gas, unbedingt nötig für das Gedeihen von Pflanzen. Wird er nicht im Boden gebunden, so entweicht er. Die Bodenbakterien sind es, die den Wurzeln den bakteriell-organisch gebundenen Stickstoff zuführen. Auch wird Kohlensäure (Chemische Formel: CO_2) erzeugt, eine Verbindung, die für alle höheren Pflanzen wichtig ist.

Gelangen organische Reststoffe (z. B. Kompost) in den kultivierten Boden, so fallen die »Edaphonisten« darüber her und verzehren sie. Es ist ihre Nahrung. Durch die Zersetzung wird z. B. der an die organischen Stoffe gebundene Kohlenstoff (Chemisches Zeichen: C) als Verbindung mit Sauerstoff in Form von Kohlensäure frei und kehrt z. B. über Laub zurück in den lebendigen Kreislauf. Auch die sonstigen im Kompost gebundenen anorganischen Stoffe (Mineralstoffe) werden durch die Tätigkeit des Bodenlebens für die Pflanzen verfügbar gemacht.

Die Wirkungen des Bodenlebens sind ebenso lebenswichtig wie die Fotosynthese. Fotosynthese beinhaltet die Fähigkeit der grünen Pflanzen, unter Einwirkung von UV-Strahlung (Sonnenlicht) aus Kohlensäure und Wasser die Verbindungen Stärke und Zucker aufzubauen – und dabei Sauerstoff freizusetzen.

Es sei am Rande noch darauf hingewiesen, dass bestimmte Gruppen der Mikroorganismen des Bodenlebens als frei im Boden lebende Bakterien vorkommen, während andere in Symbiose mit Pflanzenwurzeln leben. Symbiose nennt man eine Form des Zusammenlebens von Lebewesen verschiedener Arten, die für beide Beteiligten von Vorteil ist. Oft sind sie dabei so weitgehend aufeinander angewiesen, dass sie allein nicht mehr existieren können.

Kompost- wirtschaft

Geschichte

Kompostbereitung wurde schon im Altertum beschrieben und praktiziert. Erste Hinweise auf die Zubereitung von Abfallstoffen aus organischem Material finden sich im Vorderen Orient und in China. Seit Jahrtausenden waren Chinesen bemüht, ein Düngesystem aufzubauen, das Fäkalien und organische Stoffen aus Haus, Garten und Feld verwertete. Alle Materialien wurden gemischt, immer wieder angefeuchtet und in fruchtbare Erde verwandelt.

Von 1906 bis 1931 war der Brite Sir Albert Howard in Indien tätig. Er entwickelte dort das so genannte Indore-Verfahren mit genauen Anweisungen zur Kompostherstellung und Ackerdüngung.

Nach dem Ersten Weltkrieg begannen Auseinandersetzungen über die Grundfragen der Düngung. Der Streit basierte auf den Erfindungen der Chemiker Fritz Haber und Carl Bosch, die wenige Jahre zuvor ein Verfahren entwickelt hatten, bei dem Stickstoff aus der Luft mit Hilfe von Wasserstoff, hohem Druck und hohen Temperaturen sowie speziellen Katalysatoren zu Ammoniak (Chemische Formel: NH_3) synthetisiert wurde. Nachdem dieses Ammoniak nicht mehr primär für Rüstungszwecke (u.a. Sprengstoffherstellung) benötigt wurde, stand es nunmehr der Landwirtschaft als Düngemittel zur Verfügung.

Die Anwendung chemisch-mineralischer Düngemittel (»Kunstdünger«) versprach hohe Erträge bei geringem Aufwand. So verlor die organische Düngung zur Erhöhung des Humusgehaltes und der Bodenfruchtbarkeit zeitweise ihre Bedeutung. Insbesondere Dr. Rudolf Steiner (1861–1925) hob hervor, dass »die Düngung in einer Verlebendigung der Erde und nicht allein in einer Zufuhr von mineralischen Substanzen bestehen müsse«.

Er legte besonderen Wert auf die Erzeugung von Nahrungsmitteln in vollwertiger und menschengemäßer Qualität. Ein Steiner-Schüler, Max K. Schwarz, trug wesentlich dazu bei, die Verfahren der Kompost- und Humusbereitung zu verbessern. Bis ins hohe Alter hat sich darüber hinaus Alwin Seifert

■ *Kompostmiete, die ohne eine geeignete Abdeckung (Stroh, Schnittgras) austrocknet.*

(1890–1972), Professor für Garten- und Landschaftsgestaltung in München, für die naturgemäße Pflege der Erde verdient gemacht und den Kompostierungsgedanken selbst praktiziert und in Wort und Schrift (z. B. Gärtnern, Ackern – ohne Gift, München 1991) einer breiten Öffentlichkeit nahe gebracht.

Kompostierung

Grundsätze
Wir brauchen also Humus, um damit das bereits angesprochene Edaphon – das Bodenleben – zu füttern und lebendig zu erhalten. Damit sind wir bei einem sehr wesentlichen Teil der Weidewirtschaft angelangt, nämlich der Bereitung von Humus, der sich aus Kompost entwickeln lässt.
Ein Zitat aus H. H. Koepf, B. D. Pettersson und W. Schaumann (Biologische Landwirtschaft, Stuttgart 1974) zeigt uns, worauf es ankommt: »Die Düngung mit verrottetem Mistkompost (verrottet = umgewandelt, ausgereift) ist der Kunstgriff, Boden und Pflanzen so zu beleben, dass die Pflanze zu einem lebhaften, ausgeglichenen Wachstum kommt und der Boden seine Fruchtbarkeit dabei aufbaut ... Damit werden auch bei hohen Erträgen Aromabildung, Haltbarkeit und Bekömmlichkeit entwickelt.«
Kompostwirtschaft ist weder neu, noch ist sie nur begrenzt anwendbar. In allen Gebieten der Erde, die Landwirtschaft und Gartenbau in irgendeiner Form zulassen, wurde und wird sie in klimaangepassten Verfahren angewendet. Das mit ausgereiftem (verrottetem) Kompost (= Humus) gefütterte Edaphon bereitet die Nährlösungen und Pflanzenhormone. Die Pflanzen nehmen davon nicht mehr auf, als sie für ein optimales Gedeihen benötigen.
Eine »Überdüngung« im aktuell verstandenen Sinne ist also damit nicht möglich. Derart aufgewachsen, sind die Pflanzen widerstandsfähig gegen Schädlinge und Krankheiten: sie bedürfen all jener chemischen Gifte – der Pestizide, Herbizide usw. – nicht! Zum Kompostbegriff: Wie der Name schon sagt, handelt es sich beim Kompost um etwas Zusammengesetztes.
Das Verfahren ist einfach und bedarf keines zu großen Arbeitsaufwandes – wenn es auch durch die folgende ausführliche Beschreibung zunächst so scheint. Aber es scheint tatsächlich nur so!

Kompostplatz
Den Platz legen wir, wenn immer möglich, im Schatten oder Halbschatten und windgeschützt an. Wo ein solcher Platz fehlt, lässt sich auf verschiedene Weise Ersatz schaffen, am einfachsten durch etwas dickere Abdeckung des Komposthaufens (zum Beispiel mit Rasenabschnitt oder Altgras, was zu starkes Austrocknen bei Sonneneinstrahlung verhindert). Der durch die tägliche Sauberhaltung der Ställe anfallende Stroh-, Hobelspäne- oder Sägemehlmist wird in kleineren Pferdehaltungen üblicherweise mit einer Schubkarre ausgefahren und am Komposthaufen abgekippt.
Dann wird er täglich oder – wenn das zeitlich günstiger ist, ein bis zweimal wöchentlich aufgeschichtet, bei Strohmist mit der Mistgabel oder bei feinerem Material (wie Sägespäne oder -mehl) mit einer engzinkigen so genannten Steingabel. Das dauert zum Beispiel bei Haltungen mit zwei Pferden nur wenige Minuten – einschließlich des Beifügens notwendiger Zusätze/Beigaben (siehe hierzu auch Seite 28).
Alle Küchen- und Gartenabfälle können bei der Kompostanlage mit verwertet werden (man sollte sie mit dem Mist mischen, um solchen Abfällen gleich die Nahrungsattraktivität zum Beispiel für Ratten zu nehmen!). Sand darf grundsätzlich nicht im Kompost enthalten sein, abgesehen von winzigen

Kompostierung

Mengen, die am Mist haften. Hat man beispielsweise den Mist aus einem Sandpaddock aufgesammelt, lässt es sich nie vermeiden, dass dieser Sand enthält. Hier ist es für gute Verrottung wichtig, diesen »Sandmist« unbedingt mit sperrigem organischen Material (Gras, Heu, Stroh) zu mischen, um Qualitätseinbußen in der Humusbildung vorzubeugen.

In umfangreicheren Pferdehaltungen, die ohnehin einen Traktor mit Frontlader und Mähwerk erforderlich machen, lohnt sich als ebenso wichtige Maschine ein Miststreuer (typischer Einachsanhänger mit Zapfwelle und von Ketten gezogenem Streuwerk). Hierauf wird der täglich anfallende Mist maschinell oder per Handkarre in Stallnähe über eine (sichere!) Rampe direkt auf den Miststreuer gekippt bis er voll ist.

Bei reinem Sägemehlmist füllt man den Streuer nicht ganz voll, damit noch etwas sperrigeres Material (Altstroh, Altheu) oben aufgeladen werden kann. Es vermischt sich dann beim Ablaufenlassen des Miststreuers am Kompostplatz mit dem Sägespänemist, womit dieser für einen erfolgreichen Kompostierungsvorgang genügend locker und luftig wird, was sonst nicht der Fall wäre. Der Mist fällt durch die Mechanik des Miststreuers ideal locker und luftig: Er darf auf keinen Fall festgetreten werden – das gilt analog für die Handarbeit. Denn zur richtigen Verrottung ist unbedingt Luft notwendig (so genannte aerobe Bedingungen).

Außerdem braucht das Material Feuchtigkeit. Denn wenn das Mistmaterial zu trocken ist, was besonders im Sommer oft der Fall ist, muss es vor dem Aufsetzen gut angefeuchtet werden. Das geschieht am einfachsten per Gartenschlauch, den man dort bereit hält. Das Material darf andererseits keinesfalls triefnass werden, sondern leichte Feuchte reicht völlig aus.

Ohne Luft und Feuchtigkeit würde der Mist vertorfen; bei zu viel Nässe setzen Fäulnisprozesse ein, die keinen qualitativ guten Humus ergeben.

Der Komposthaufen ähnelt einer Rübenmiete. Er kann eine Firsthöhe bis zu 1,50 m haben und eine Sohlenbreite von 2,50 bis 3,00 m (siehe Grafiken auf dieser Seite).

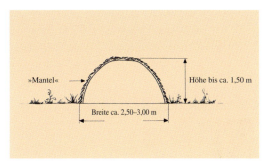

■ *Komposthaufen: Querschnitt*

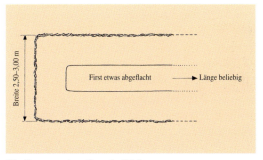

■ *Komposthaufen: Aufsicht*

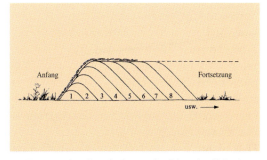

■ *Komposthaufen: Aufeinanderfolge der Schichten*

> **Wichtig**
> *Die Sohlenränder von typischen Mist- und auch von Komposthaufen sind von etwa Ende Oktober/Anfang November bis Ende April beliebte Igel-Winterschlafquartiere. Vor Kompostausbringung während dieser Zeit empfiehlt es sich, die Ränder mit Schaufel oder Mistgabel äußerst vorsichtig zu durchsuchen. Gefundene Igel müssen in ein ähnlich geschütztes, trockenes Lager umgesetzt werden (eventuell in ein Igelhaus in einer Scheune, siehe hierzu auch Seite 129).*

Beigaben
Damit die Reifung des Mistmaterials den richtigen Verlauf nimmt, sind außer Feuchtigkeit und Luft noch Beigaben notwendig oder zumindest wünschenswert.
Bei allen im Folgenden genannten Mitteln zur Bodenverbesserung sind stets biologische Mittel gemeint. Sollten bei der Beschaffung der biologischen Materialien Zweifel oder Schwierigkeiten auftauchen, so wendet man sich vorteilhaft an eine der im Anhang/Serviceteil des Buches genannten Adressen.

a) **Algenkalk** (Korall-Algenkalk, z. B. das Produkt »Algomin«).
Hier verwendet man etwa fünf bis zehn Kilo je m³ Masse (ein m³ Masse sind ungefähr 20 flach gefüllte Schubkarren). Jede neue Mistlage wird damit dünn eingepudert. Bei holzigem Material (Sägemehl und/oder Sägespänen) ist diese Überpuderung unbedingt notwendig, um die Harze aus dem Holz zu lösen sowie die Gerbstoffe zu neutralisieren. So kann die notwendige Feuchtigkeit in das holzige Material eindringen.
Falls örtlich kein Algenkalk zu beschaffen ist, kann wegen seines Kalkgehaltes auch Thomasphosphat ersatzweise genommen werden. Algenkalk ist jedoch immer empfehlenswerter.

b) **Lehm** oder **lehmige Erde**, zum Beispiel aus Baugruben.
In diesen Beigaben sollten nach Möglichkeit keine Steine enthalten sein, denn diese verschleißen später beim Ausstreuen des Kompostes den Miststreuer.
Bei Sägemehl- und/oder Sägespänemist ist es nützlich, wenn der Lehmanteil etwa $1/20$, bei Strohmist $1/30$ der Mistmenge ausmacht. Man lässt sich den Lehm bei der Anlieferung (z. B. durch Tiefbauunternehmer) nahe am Kompostplatz abkippen. Er wird, ebenso wie die anderen Beigaben, auf den beladenen Miststreuer geworfen und vermischt sich beim Ablaufenlassen.
Auch für Handarbeit ist die Lehmbeigabe keine besonders große Zusatzbelastung, wenn man bedenkt, dass für 20 Karren Mist eine Karre Lehm ausreicht. Besser ist allerdings für 10 Karren Mist eine halbe Karre Lehm aufzubringen, weil sich die kleinere Menge gleichmäßiger vermischen lässt.
Lehm ist zur Bildung des »Ton-Humuskomplexes« notwendig, der den beständigen »Dauerhumus« darstellt.

c) **Kompoststarter/Rottefördrer**
Diese sind besonders bei erstmaligem Kompostieren sehr nützlich. Solche Präparate bestehen zum Beispiel aus aktiven Gärfermenten, organisch gebundenen Spurenelementen, Auxinen, besonders wirksamen Bodenbakterien usw. Der frische Mist wird beim Aufsetzen schichtweise dünn damit eingepudert oder – wenn es sich um einen flüssigen Kompoststarter handelt, einfach besprengt. Wenn der erste Kompost sehr gut und sicher gelingt, können später die Kompoststarter zum Teil durch eigenen ausgereiften Kompost ersetzt werden; man streut dann den Reifkompost in dünnen

Lagen (wie die übrigen Beigaben) zwischen die Mistschichten. In diesem Zusammenhang sind bemerkenswerte Verstärkungen der aeroben Umsetzungsvorgänge (= so genannte Rotte) durch das ökonomische-ökologische »Roland-Plocher-Energiesystem« (Anschriften siehe Anhang auf Seite 143) in Weiden, Ställen, Unterständen und Ausläufen zu erwähnen.

Die Agraringenieurin Monika Junius als Ansprechpartnerin (Anschrift siehe Seite 143) hat in zahlreichen unterschiedlichen Pferdehaltungen (einschließlich der eigenen Pferdehaltung) die Wirkungen durch viele nützliche Plocher-Produkte feststellen können. Dieses Energiesystem wirkt sich auch sehr positiv auf die Bodengare aus, was wichtig ist, denn ein gesunder, belebter Boden hat zugleich auch eine Filterfunktion, u. a. gegen Nitrat. Kompost aus Sägemehl- und/oder Sägespänemist gelingt nicht ohne die angegebenen Kompoststarter und sonstigen Beigaben – es sei denn, man wollte acht bis zehn Jahre warten, wobei die durch das Material bedingte Vertorfung eine weitere Qualitätseinbuße darstellt. Auf Dauer gewährt die eigene Arbeit bei der Kompostbereitung einen besseren Überblick. Man sammelt Erfahrungen, die allmählich das richtige Fingerspitzengefühl vermitteln.

Abdeckung

Sobald jeweils ein Stück des Haufens die oben genannte Höhe erreicht hat, deckt man die Seiten etwa fünf Zentimeter dick mit altem, sonst unbrauchbarem Stroh oder Heu, auch nassem Laub ab.

Dieser »Mantel« schützt vor Austrocknung, ist »atmungsaktiv« (= aerobe Bedingungen) und fördert damit eine gleichmäßige Erwärmung und Reifung des Materials. Ein Umsetzen der Komposthaufen ist deshalb nicht erforderlich. Gegen Hühner und Krähen sollte der Haufen mit Geäst oder Maschendraht abgedeckt werden.

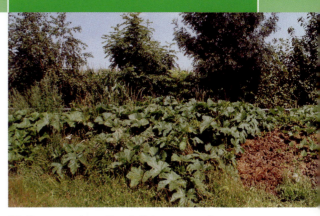

■ *Kompostmiete, die mit Schutzvegetation (u. a. Kürbispflanzen und Heckenpflanzen) vor dem Austrocknen geschützt wurde.*

Temperaturkontrolle

Bald nach dem lockeren Aufwerfen (bzw. Ablaufenlassen vom Miststreuer) entwickelt sich Wärme, die zusammen mit Luft und Feuchtigkeit die Verrottung einleitet.

Kleinstlebewesen (so genannte Mikroflora und -fauna) vermehren sich jetzt in unvorstellbarem Maße. Dazu gehören Urtierchen, Fadenwürmer, Ringelwürmer, Spinnenartige, Milben, Urinsekten, Rädertierchen, Bärtierchen und viele andere; dazu eine Fülle von Algen, Pilzen (ohne Mikroskop nicht sichtbar) und Bodenbakterien. Nach Abklingen der notwendigen höheren Temperaturen, die etwa zwischen 55 und 70° C liegen, ziehen die Roten Kompostwürmer ein (nicht zu verwechseln mit den typischen Regenwürmern in der Erde). Auch die Kompostwürmer vermehren sich enorm und verarbeiten durch Verzehren und Wiederausscheiden die noch nicht vollständig verrotteten Bestandteile des Haufens zu bestem Humus.

Mit einem handelsüblichen, preiswerten Thermometer, wie es für große Einmachkessel noch verwendet wird, kann man die Temperaturen kontrollieren, indem man das Thermometer am First und an den Seiten des Haufens eingräbt und vorübergehend zudeckt. Man wird feststellen, dass am First etwas höhere Wärmegrade auftreten als an

Kompostwirtschaft

■ a) Feinkrümeliger Kompost im Halbreifezustand nach ca. acht Monaten. b) Verdichteter Torfkompost mit Sand-Späneanteil nach zwei Jahren. c) Sandiger Kompost im Halbreifezustand nach 14 Monaten.

den Seiten. Auch diese Temperaturkontrolle bereichert unsere Erfahrung, zeigt sie doch an, ob und wann die notwendigen Temperaturen erreicht werden, das heißt, ob die Kompostierungsarbeiten richtig ausgeführt wurden.

Während des Ansteigens und Abklingens der Temperaturen und durch die Arbeit der Kleinstlebewesen sinkt der Haufen allmählich in sich zusammen, sein Profil wird bedeutend flacher. Dieser Substanzverlust ist ein weiteres Zeichen für die Reifeprozesse, die bei höherem Strohanteil erheblich schneller vor sich gehen.

Vernichtung von Parasiten

Durch die Erwärmung auf mindestens 45° C und deren tagelange Einwirkung werden alle im Mist befindlichen Entwicklungsformen der Pferdeparasiten innerhalb relativ kurzer Zeit vernichtet. Das setzt natürlich eine sorgfältige Kompostierung voraus – wie sie oben beschrieben wurde. Wer ganz sicher gehen will, mag vom Reifkompost kleine Mischproben aus allen Schichten zur Untersuchung an ein Tiergesundheitsamt oder ein entsprechend ausgestattetes Labor einschicken (Tierärzte kennen solche regionalen Laborinstitute). Man braucht nicht überrascht zu sein: Das Ergebnis heißt gewiss »Einwandfrei«. Die Umwandlung von Pferdemist in einen hygienisch einwandfreien, angenehm nach Walderde duftenden und auch so aussehenden Kompost ermöglicht daher seine Verwendung als Dünger (siehe Abb. Seite 39), wenn im Durchschnitt etwa zwölf Monate Kompostierungszeit vergangen sind. Der Haufen »stinkt« übrigens auch anfangs – im Unterschied zu einem Stapelmisthaufen, in dem unter Luftabschluss Heißrotte und auch Fäulnisprozesse stattfinden – nicht. Die abstoßende Wirkung, die sonst das auf eigenem Mist gewachsene Gras auf Pferde ausübt, ist durch den optimal ablaufenden Kompostierungsvorgang und den Geruch des Reifkompostes aufgehoben. Das trifft auch für andere Tiergattungen und ihren kompostierten Mist zu. Im Kompost liegt etwas völlig Umgewandeltes, etwas gänzlich Neues vor! Unkompostierter Pferdemist ist dagegen für Pferdeweiden strikt abzulehnen! Nicht nur dass die Weiden mit Parasiten verseucht werden, man verekelt den Pferden das Weidegras schon durch den Geruch des eigenen Mistes.

Mistmenge und Zeitplanung

Zur Produktion der notwendigen Kompostmenge für einen Hektar Weide braucht man grob gerechnet eine so genannte Großvieheinheit (Abk.: GV) pro Hektar, bei reiner Sägemehl- (Sägespäne-)einstreu etwa 30 % mehr. Unter einer GV wird in der Landwirtschaft ein Weidetier mit pauschal 500 kg Gewicht verstanden; ein normal großes Warmblutpferd entspricht 1,2 Großvieheinheiten. Selbstverständlich kann man auf demselben Komposthaufen auch den Mist anderer Tiergattungen (u. a. Schafe, Rinder) mitverwerten. Das ist sogar günstig. Jedoch muss man vom Mist aus der Massentierhaltung abraten, da er häufig u. a. noch Antibiotika enthalten kann, die jede optimale Verrottung verhindern.

Um jedes Jahr in der Vegetationszeit für das Ausstreuen genügend Kompostmengen verfügbar zu haben, legt man die Haufen so an, dass jeweils einer (oder mehrere, wenn sie aus Platzgründen kürzer sein müssen) wenigstens sieben Monate, besser zwölf Monate unberührt gelegen hat, das heißt, dass er während dieser Zeit der Vollendung entgegenreifte und nicht mehr mit frischem Mist beschickt wurde.

Man sollte sich zu den einzelnen Haufen die Daten notieren, damit sie nicht zu früh verwendet werden. Das heißt auch, dass es einer gewissen Anlaufzeit bedarf, bis man das geeignete, wirklich reife, hygienisch einwandfreie Material gewinnt. Natürlich kann so ein fertiger Haufen auch länger als sieben bis zwölf Monate lagern, wenn er gut abgedeckt ist. Nach einiger Lagerzeit siedeln sich auf dem Haufen Gras (vielfach das Queckengras mit langen Wurzeln) und Kraut an. Man mäht es ab und lässt es liegen. Es wird später mit dem Kompost auf den Weiden ausgestreut. An frost- und schneefreien Tagen kann Kompost auch im Frühwinter oder zeitigen Frühjahr gestreut werden. Von cleveren Pferdebesitzern, die selbst keine Weiden haben, hörte man, dass sie dennoch den Mist zu Kompost verarbeiten und ihn gewinnbringend an Kleingärtner und Gärtnereien verkaufen. So finanzieren sie nicht nur die Einstreu, sondern noch andere Ausgaben ihrer Pferdehaltung.

Kompostreife

Wenn die Kompostsubstanz dunkel gefärbt ist, leicht krümelt und nach Walderde riecht, ist der Kompost reif, es handelt sich dann um Humus-Reifkompost. Dem Erfahrenen reicht hierzu eine Sinnenprüfung aus. In Reifkomposten, deren Umwandlung unter aeroben Bedingungen (= Sauerstoff ist vorhanden) verlaufen ist, ist weder Sulfid noch Ammonium enthalten, sondern nur Nitrat. Es gibt Zwischenstadien des Reifeprozesses, bei dem Ammonium schon verschwunden, aber Nitrat noch nicht gebildet wurde und der Stickstoff noch in lebendem Eiweiß festgelegt ist. Dieses Kompoststadium kann z. B. für Pilzkulturen erwünscht sein. Die Prüfung ist einfach wie folgt durchzuführen:

a) **Sulfid-Test**, wozu ein Löffel voll Probematerial in einem Glas mit 10 bis 20 %-iger

KOMPOSTARTEN

Art	Erläuterung
Gartenkompost	Zusammensetzung aus frischen Pflanzenteilen wie gejätetem Unkraut, gemähtem Gras, frischen Blatt- und Stängelmassen, herabgefallenem Laub, sonstigen pflanzlichen Resten.
Mistkompost	Typischer Stallmist sowie abgesammelte Exkremente aus Weide und Auslauf (die starke Hitzeentwicklung zu Beginn der Rotte verlangt besondere Aufmerksamkeit ebenso wie Mischungsbeigaben zur Auflockerung).
Spezialkomposte	Laub und Nadeln, Rindenabfall, Sägemehl und Hobelspäne, Haushaltsabfälle als »Stadtkompost«.

Kompostwirtschaft

Salzsäure versetzt und an den Gefäßdeckel ein Teststreifen mit Bleiazetatpapier geheftet wird. Färbt sich das Papier dunkel, dann liegt Sulfid vor: die Probe ist nicht aerob verrottet.

b) **Stickstoff-Test**, der mit Prüfstäbchen Merckoquant 10024 für Ammonium und 10020 für Nitrat durchgeführt wird, indem man diese Stäbchen eine Minute lang in eine gut mit destilliertem Wasser angefeuchtete, durchgeknetete Kompostprobe steckt.
Nach dem Abspülen der Stäbchen mit destilliertem Wasser kann am Farbumschlag die Anwesenheit von Ammonium und Nitrat (und auch Nitrit bei 10020 durch eine zusätzliche Farbanzeige) festgestellt werden. Prüfstäbchen sind im Fachhandel oder zum Beispiel auch in manchen Apotheken erhältlich.

ENTWICKLUNGSPHASEN DER KOMPOSTIERUNG*

Ablauf	Erläuterung
Erste Phase »Erwärmung«	Hohe Anfangserhitzung, Auflösung von selbstständigen Lebenskeimen höherer Organismen
Zweite Phase »Luft-Aktivität«	Gasentfaltung, Zunahme des mikrobiellen Wachstums, Übergang zum Pilzwachstum
Dritte Phase »Fließende Verwandlung«	Auftreten einzelner, einfacher Kleintierarten in Massenvermehrung, die einander folgen und das wuchernde Pilzwachstum eindämmen
Vierte Phase »Innere Gestaltung«	Differenzieren, Stabilisieren und Individualisieren der Substanzen, zahlreiche Regenwürmer treten auf, Beginn der Humusbildung – soweit die Prozesse harmonisch verlaufen
Fünfte Phase »Düngung«	Übergang aller Substanzen und Lebewesen in den Boden

* modifiziert und ergänzt in Anlehnung an BOCKEMÜHL (»Vom Leben des Komposthaufens«, Elemente der Naturwissenschaft, Heft 29, Stuttgart 1978)

TEMPERATUREN BEI MIKROBIELLEN ROTTEVORGÄNGEN*

Temperaturzone	Rottegrad	Hygienische Güteklasse
A) unter 45° C	Kaltrotte	Volle Virulenz, keine Entseuchung
B) 45–55° C	Mäßige Rotte	Biochemische Entseuchung
C) 55–65° C	Normale Rotte	Biophysikalische Entseuchung
D) 65–80° C	Heißrotte	Thermische Desinfektion

* modifiziert nach KNOLL (»Müll- und Abfallbeseitigung«, Müll-Handbuch, Berlin 1968)

Kompostdüngung

Düngetechnik

Der Kompost muss als Düngemittel auf dem Weidegrund verteilt werden. Da Reifkompost eine krümelige Beschaffenheit aufweist, braucht man zum Aufladen eine sehr engzinkige Gabel. Wenn eine Maschine mit Frontlader benutzt wird, sollte besser die Frontladerschaufel statt der typischen Frontgabel eingesetzt werden. Vorsorglich ist der eventuell zu beauftragende landwirtschaftliche Lohnunternehmer auch darauf hinzuweisen, wenn man in Ausnahmefällen nicht selbst die geeigneten Maschinen besitzt.

Auch für kleinere Pferdehaltungen lohnt es sich, das komplette Aufladen und Ausstreuen maschinell mit Traktor und Miststreuer als Lohnarbeit erledigen zu lassen. Das kostet für zwei Morgen Weideland etwa 100 bis 150 Euro. Das Ausstreuen des Kompostes geschieht am besten in der Vegetationszeit, jedoch nicht in hohen Weideaufwuchs. Auf jeden Fall muss der Kompost auf »offenen«, das heißt nicht gefrorenen Boden gestreut und anschließend »eingebürstet« werden. Das »Einbürsten« (= das Abschleppen der bestreuten Flächen) wird im Kapitel »Weidepflege« (siehe Seite 58) beschrieben.

▶ Als Ergänzungsdüngung zum Kompost gibt man in den ersten Jahren der Anwendung pro Morgen (= 2.500 qm = ¼ Hektar) noch etwa 150 kg Thomasphosphat, und zwar im Herbst, solange der Boden noch nicht ausgekühlt ist. Eine Kalidüngung ist je nach Bodenanalyse (siehe Seite 42) auch erforderlich; hier hält man sich mengenmäßig an die entsprechende Anweisung des beauftragten Analyseinstituts (siehe Seite 142 f.).

Düngewirkung

Die Wirkungen der richtig gehandhabten Kompostdüngewirtschaft auf den Boden und den Weidebewuchs sind auch für den Fachkundigen immer wieder erstaunlich:

▶ Das Bodenleben (Edaphon) gelangt dadurch innerhalb von drei bis fünf Jahren zu seiner vollen Entfaltung, sofern Herbizid-Gifte und hoch konzentrierte Mineraldün-

■ Der Landhandel bietet Thomaskali und andere Düngemittel in 25 und 50 kg schweren Gebinden an.

Kompostdüngung

■ *Kompostgedüngte Koppel im Frühsommer: Die Koppel im Vordergrund ist abgegrast, die hintere Koppel steht in der Grasblüte und kann zur Heuernte gemäht werden.*

ger (so genannter Kunstdünger) vermieden werden. Das Edaphon vermehrt sich aus sich selbst, so dass man später auch einmal ohne Schaden für die Grasnarbe ein Jahr ohne Kompost und sonstige Düngung auskommen kann. Man nennt das »Lebensverbauung« des Bodens. Diese Belebung des Bodens ist das Grundprinzip jeglicher biologisch-ökologischer Landnutzung. Allerdings hemmen anhaltend nass-kalte Witterung wie auch extreme Dürreperioden die Entwicklung des Bodenlebens, die sich jedoch mit unverminderter Intensität fortsetzt, sobald gemäßigte Witterungsverhältnisse eintreten.

▶ Gleichzeitig wirkt ein bereits vorhandenes reges Bodenleben den zuvor eingangs kurz erwähnten störenden Faktoren für den Zustand des Bodens entgegen: Der Boden kann aufgrund des angeregten Bodenlebens und der damit verbundenen Aktivität von Kleinstlebewesen weitaus größere Mengen Wasser speichern und übersteht Trockenperioden wesentlich besser. Durch die verbes-serte Saugfähigkeit des Bodens werden stauende Nässe, die damit einhergehende mangelnde Belüftung und zwangsläufige Versauerung sowie die Verkrustung und Verschlemmung der Oberfläche vermieden oder gemildert (siehe hierzu auch »Maßnahmen gegen stauende Nässe« auf Seite 57).

▶ Die Nährstoffe werden vom Bodenleben festgehalten und nicht in das Grundwasser ausgeschwemmt, wie es mit überschüssigen leichtlöslichen Mineraldüngern immer noch zu häufig geschieht. Es ist nicht zu leugnen, dass ein Teil der Landwirtschaft leider heutzutage mit zu den großen Verschmutzern des Grundwassers gehört, was zu erheblichen Nitratverseuchungen geführt hat, die in manchen Landkreisen das Sechsfache der zulässigen Grenzwerte ausmachen.

▶ Die Aktivität des Bodenlebens bewirkt somit eine optimale Bewurzelung, die den oberirdischen Teilen der Pflanzen infolge der vollständigen Ernährung ein gesundes Wachstum mit allen Abwehrkräften gegen Schädlinge und Krankheiten verschafft. Ein vorzugsweise auf sandigen und anmoorigen Böden vorkommender tierischer Schädling ist die Wiesenschnake (Tipula), deren Larve in manchen Jahren Schäden durch Wurzelfraß verursacht. Sie machen sich durch größere und kleinere rundliche vergilbte Stellen in der Grasnarbe bemerkbar, wo dann der Bewuchs abstirbt. Durch Kompostdüngung sind die Auswirkungen dieser Schädlinge geringer. Auch unabhängig von Kompostdüngung gibt es zusätzliche biologische Mittel zur Bekämpfung dieses Schädlings – ohne andere Lebewesen zu gefährden oder gar zu vernichten.

▶ Wertvolle Gräser und Kräuter breiten sich aus, Giftpflanzen verbreiten sich weniger stark. Voraussetzung ist, dass richtige Düngung durch sachgerechte Weideführung

Düngetechnik · Düngewirkung

und -pflege ergänzt wird, wie es in den später folgenden Kapiteln noch beschrieben wird.

▸ Die allgemeine Verbesserung des Grünlandes läuft parallel mit einer quantitativ sehr positiven Entwicklung des Bestandes an Regenwürmern.

Dazu sagt A. Voisin (Lebendige Grasnarbe, München 1961): »Es ist sehr bemerkenswert vom Standpunkt der dynamischen Ökologie aus, dass die Qualitätsverbesserung der Grünlandpflanzen nicht nur einer Vermehrung der Gesamtzahl der Regenwürmer, sondern auch dem Auftreten arbeitsamer Typen entspricht ... Die enge Beziehung zwischen dem Bodenleben und der Grasnarbe ist eine der größten Erkenntnisse der dynamischen Ökologie des Grünlandes, und das bedeutet letzten Endes eine enge Verbindung der lebenden Bodenelemente mit Pflanze, Tier und Mensch ... Es gibt wenige Tiere, die eine so bedeutende Rolle in der Kulturgeschichte gespielt haben.«

Die Tätigkeit des Regenwurmes schildert Alwin Seifert (Gärtnern, Ackern ohne Gift, München 1974) ebenfalls sehr anschaulich: »Was dort (im Boden) angerottet ist, frisst er; gleichzeitig frisst er auch Erde. Das geht beides durch seinen langen Leib hindurch und wird auf diesem Wege mit stickstoffhaltigen Drüsensäften, mit Bakterien und mit allerfeinsten Kalkschuppen vermengt. Das Ergebnis sieht man dann am nächsten Morgen in den kleinen Wurmhäuferln, die nach feuchten Nächten überall oben auf dem Erdboden liegen. In ihnen ist Mineralboden mit Pflanzenmasse, mit Kalk und mit hochwirksamen Wuchs- und Vermehrungsstoffen – die sind in den Drüsensäften – so fein und vollkommen vermischt, dass sie zu einem so wunderbaren neuen Pflanzennährboden geworden sind, wie man ihn künstlich gar nicht herstellen kann. Ein normannischer Bauer sagte einmal: ›Der liebe Gott weiß, wie man fruchtbare Erde macht, und hat das Geheimnis den Regenwürmern anvertraut.‹«

Dem Zitat von Alwin Seifert ist nur noch hinzuzufügen: Dem Regenwurm kommt – wie dem Bodenleben – ebenfalls große Bedeutung dabei zu, dass der Luftstickstoff für die Pflanzenwurzeln verfügbar ist. Die jährliche Gesamtmenge des Regenwurmkotes kann auf guten, alten Dauerweiden maximal auf etwa 60 t je Hektar (= 10.000 qm) ansteigen. Eine phantastische Leistung, die zugleich zeigt, wie sehr die Regenwürmer auf unsere Kompostwirtschaft reagieren – während viele Sorten der chemischen Mineraldünger Regenwürmer vertreiben. Im Komposthaufen, dem quasi von Menschen gemachten »Regenwurm«, bemühen wir uns mit Hilfe der Kleinstlebewesen, die genannten Vorgänge nachzuvollziehen, wenn auch weit entfernt von der Vollkommenheit der Vorgänge im Innern des Regenwurms selbst.

■ *Kräuter, hier abgebildet Kamille, sind u. a. Zeichen einer ökologisch sinnvollen Extensivbewirtschaftung.*

Bodenverbesserer

▸ Bodenverbesserer

Organische Produkte

Wo Komposte nicht verfügbar oder – wie etwa in steilen Lagen – nicht oder nur schwer dosierbar anwendbar sind, gibt es dennoch verschiedene Mittel und Wege zur organischen Bodenverbesserung. Der Kompostdüngung mit ihrer optimalen Wirkung sind sie allerdings nicht vergleichbar.

▸ Hornmehl, Knochenmehl, Schweineborsten oder ein Gemisch davon können zum Beispiel als organische Dünger in kleinen Mengen von etwa 20 bis 25 kg auf 1000 qm eingesetzt werden. Man »füttert« damit das Bodenleben und bewirkt mit der Zeit seine Vermehrung und Regeneration – falls, wie meist üblich, vorher jahrelang nur chemisch mit Mineraldünger aus dem Sack gedüngt wurde, wodurch das Bodenleben geschädigt wurde. Die genannten organischen Dünger werden im Frühjahr bei Vegetationsbeginn ausgebracht. Im Zusammenhang mit der BSE-Problematik (»Rinderwahnsinn«) sowie im Hinblick auf alle möglichen Rückstände in tierischen Produkten sollte man tunlichst darauf achten, welche Garantien die Produkt-Hersteller geben. Bisher gibt es allerdings keine beweisbaren Fakten, die den Verzicht auf solche organischen Düngemittel begründen würden.

▸ Schaf- und/oder Rinderdung kann auf Pferdeweiden im Normalfall ohne Parasitenreinfektionsgefahr eingesetzt werden. Wo in steilen Lagen die Anwendung der oben genannten organischen Dünger technisch schwierig ist, ergeben die Exkremente von Schaf und/oder Rind einen vorzüglichen organischen Dünger. Rinderdung sollte von Zeit zu Zeit etwas gleichmäßiger verteilt werden. Weitere Einzelheiten dazu enthält der Abschnitt »Rinder und Schafe« im Kapitel »Weideführung« (siehe Seite 50).

▸ Peru-Guano und Blutmehl sollen, falls man sie überhaupt verwenden will, nicht direkt auf die Weide gestreut werden. Sie sind – mit Erde vermischt und mindestens einmal umgestochen – erst nach mehrtägiger Ablagerung in sehr kleinen Mengen auszustreuen. Besser wäre die Beimischung, ebenfalls in sehr kleiner Menge, zum Kompost; dazu besteht jedoch, mindestens bei Stallmistkompost, eigentlich keine Notwendigkeit.

▸ Kompost aus so genannter Heißrotte, z. B. aus kommunalen Kompostbetrieben, die des Städters »Biotonne« verarbeiten, ist prinzipiell auch ein hochwertiger organischer Dünger.
Nicht immer sind solche Heißrottekomposte allerdings frei von Fremdkörpern (Plastikteile usw.). Immer sollte man vor Bestellung nach einer Analyse fragen, um den Düngewert richtig einschätzen zu können. Heißrottekompost ist nicht identisch mit dem Reifkompost (= Humuskompost) aus eigener Herstellung.

Organische-/Anorganische Produkte

■ Der Landhandel bietet Thomaskali, Algomin, Dolomitkalk und Branntkalk in gut zu transportierenden 25 und 50 kg schweren Gebinden an.

▶ Nicht oder nur mit Einschränkungen zu verwendende organische Dünger sind Jauche, Gülle und Klärschlamm. Jauche und Gülle können nur in »aufbereiteter«, biologisch vergorener Form für Pferdeweiden in Frage kommen (interessante Verfahren zur Güllebehandlung bietet das Plocher-System®). Für den Hobby-Pferdehalter ist Gülleanwendung aber gar nicht oder nur in Ausnahmefällen praktikabel. In erster Linie von biologisch geführten landwirtschaftlichen Betrieben kann Gülle eingesetzt werden. Es empfiehlt sich dann eine sehr frühzeitige Gülleausbringung auf Pferdeweiden, damit Geruchsstoffe bis zum Weidegang absorbiert werden (ca. drei Monate Wartezeit erforderlich).

Klärschlamm wäre theoretisch auf Weiden erst nach einem speziellen Kompostierungsverfahren mit hohen Hitzegraden verwendbar, aber auch nur, wenn absolut keine umweltgefährdenden Rückstände (z. B. Cadmium) im Endprodukt enthalten sind. Im Zweifel erkundige man sich beim zuständigen Landesumweltministerium nach den aktuell geltenden Bestimmungen zur Verwendung solcher Produkte.

Anorganische Produkte

▶ Urgesteinsmehle vulkanischen Ursprungs sind keine chemischen Dünger, wohl aber nützliche Zusatzdünger. Sie nehmen eine Sonderstellung ein, denn sie entstehen als Abfallprodukte der Natursteinindustrie. Diese Steinmehle sind im Landhandel für Düngezwecke mit einer Körnung von staubfein bis 0,9 mm erhältlich.

Es sind Zusatz-Mineraldünger (siehe hierzu auch Seite 45) – allerdings mit extrem niedrigen Gehalten an Phosphorsäure (P_2O_5) und Kaliumoxid (K_2O), aber um so größerer Fülle an Spurenelementen, die die Bodenfruchtbarkeit enorm verbessern helfen! Je nach Kieselsäuregehalt (Siliciumdioxid = SiO_2) der im Handel befindlichen Gesteinsmehle werden basische (das sind die Basalte) und saure Gesteine (das sind Granit, Gneis, Porphyr) unterschieden.

Die basischen Gesteinsmehle sind auf vielen Böden anwendbar, besonders empfehlenswert auf Sandböden und anderen eher sauren Böden – auf Basaltverwitterungsböden sind sie natürlich überflüssig. Für schwere Kalk- und Tonböden werden dagegen saure

Bodenverbesserer

Gesteinsmehle (Granit-, Gneis-, Porphyrmehle) empfohlen. Ausstreutermine können ganzjährig gewählt werden, am besten aber vom Herbst bis zum Frühjahr in Mengen von 500 bis 1.000 kg je Hektar (= 10.000 qm) und Jahr. Überdüngungen treten nicht auf. Ein gleichzeitiges Streuen mit den anderen Mineraldüngern ist möglich. Gesteinsmehle haben einen regenerierenden Einfluss auf unsere Wiesen- und Weidennarben, allerdings wiederum nur im Zusammenwirken mit einem regen Bodenleben.

Diese Mehle bringen auch die Wirkung des Kompostes zur vollen Entfaltung, wenn diesem etwa fünf Prozent Gesteinsmehle beigemischt werden. Bevor der Kompost auf die Weiden gestreut wird, gibt man das anteilige Gesteinsmehl oben auf den beladenen Miststreuer oder man schüttet es unmittelbar vorher grob verteilt über den aufzuladenden Komposthaufen. Beim Aufladen und Abstreuen wird alles durch den Mechanismus des Streuers vorteilhaft durchmischt.

▸ Korallalgenkalk (z. B. das Produkt »Algomin«) ist wichtiger Kalkdünger (der auch bei Kompostdüngung von Zeit zu Zeit eingesetzt werden muss!). Das wird im Normalfall sehr zur Bodenverbesserung beitragen. Ein Übermaß sollte indes immer vermieden werden, denn das kann eher schaden als nutzen, wenn es (bei sehr hohem pH-Wert) zu Blockierungen von Nährstoffen und Spurenelementen führt.

A. Voisin (Lebendige Grasnarbe, München 1961) erläutert: »Um über die Notwendigkeit einer Kalkung auf dem Grünland zu entscheiden, halte ich es für richtiger, obwohl ich selber Chemiker bin, nach dem Pflanzenbestand und nicht nach der chemischen Bodenanalyse zu urteilen. Wenn zum Beispiel der Kleine Sauerampfer stark vertreten ist, gibt es kein Zögern: man muss kalken ... Vier bis fünf Jahre später wird man die Wirkung dieser Düngung auf den Pflanzenbestand und die Tiere feststellen und entscheiden, ob eine neue Kalkgabe notwendig ist.« Heute wird man sich in Gebieten, die vom »Sauren Regen« betroffen sind, allerdings eher nach den Bodenanalysen und dem festgestellten pH-Wert richten müssen, um die Bodenfruchtbarkeit pflanzenverträglich zu regulieren.

An Menge wird pauschal empfohlen: 150 kg Korallalgenkalk je $^{1}/_{4}$ Hektar (= je Morgen = je 2.500 qm) in zwei aufeinander folgenden Jahren oder aber in einmaliger Gabe die doppelte Menge. Dann sollte man erst mal abwarten. Die günstigsten Zeiten zum Streuen sind Herbst, Winter und zeitiges Frühjahr.

Der Korallalgenkalk versorgt den Boden mit einem harmonischen Komplex von organisch gebundenem Kalk, Magnesium, Kieselsäure, Spurenelementen, Aminosäuren, Jod, Vitaminen, Phytokolloiden und vielen anderen nützlichen Wirkstoffen.

Er fördert ein aus vielerlei Gräsern, Kleearten und Wildkräutern bestehendes artenreiches Untergras, welches der Pferdeorganismus braucht.

Das wusste vor mehr als 140 Jahren bereits der Begründer der deutschen Vollblutzucht, Baron Wilhelm von Biel, als er Algen und Tang auf seinen Böden mit großem Erfolg als Düngemittel anwandte. Leider ist diese Kenntnis später für lange Zeit verlorengegangen. Auch aus Norwegen und Island liegen Berichte vor, die diese Art der Düngung als sehr effektiv und dazu naturgemäß beschreiben. Das Produkt Algomin benutzt man auch mit bestem Erfolg als Beigabe zur Kompostierung. Im Stall, direkt auf die untere Einstreu sehr dünn gepudert, wirkt es geruchsbindend und die spätere Kompostierung fördernd. Selbstverständlich wird nach dem Einpudern noch mit frischem Stroh oder Sägemehl nachgestreut. Sogar als Futterkalk ist Algomin geeignet.

Anorganische Produkte

▸ Thomasphosphat und Kalimagnesia können ersatzweise anstelle von Urgesteinsmehl und Korallalgenkalk eingesetzt werden.
Da diese Produkte nicht in jedem Landhandel zu beziehen sind, könnten unter Umständen hohe Transportkosten die Beschaffung unrentabel machen. Man verwendet dann maximal 150 kg Thomasphosphat je ¼ Hektar im Herbst und zirka 50 kg Kalimagnesia je ¼ Hektar im zeitigen Frühjahr.
Zu Urgesteinsmehl oder Korallalgenkalk oder Thomasphosphat plus Kalimagnesia wäre als Flächendüngung der Reifkompost immer die pflanzenverträglichste Ergänzung, auch wenn er bereits kleine Mengen dieser Zusatzstoffe enthält.

▸ Allgemeine Hinweise zu Bodenverbesserern: Überdüngung ist mit reifem erdigem Kompost, Lehmerden sowie mit Urgesteinsmehl (Basalt), speziell auf sandigen Böden, nicht zu befürchten. Alle angegebenen Mengen sind aber nur grobe Faustzahlen. Man halte sich deshalb möglichst an die Empfehlungen einer an sich immer empfehlenswerten Bodenanalyse, da bei höheren Gaben ein Übermaß im Einzelfall durchaus auch möglich sein kann – außer bei Steinmehl. Die Menge, der Zeitpunkt der Anwendung, Luft- und Bodentemperatur sowie Bodenfeuchtigkeit spielen beim Ausbringen aller Düngemittel eine nicht zu unterschätzende Rolle. Man vermeide möglichst gefrorenen Boden, extreme Nässe und extreme Trockenheit.

■ *Krümeliger Reifkompost ist der beste Weidedünger, den man durch Thomasphosphat noch ergänzen kann.*

▸ Mineral- und Stickstoffdüngung

Risiken chemischer Düngung

Es gilt der Grundsatz: Gesunde Pferde auf gesunder Weide! Wenn hier keine synthetischen Stickstoffdünger und so genannte »Volldünger«, das sind NPK-Dünger (auch z. B. landläufig »Blaukorn« genannt), empfohlen werden, so hat das triftige Gründe. Zunächst erinnere man sich: Bei der beschriebenen organischen Weidedüngung wird durch das rege Bodenleben Stickstoff aus der Luft organisch gebunden und so für die Pflanzen auf natürlichem Weg verfügbar. Ist das Bodenleben genügend angeregt, treten deshalb für normale Ertragserwartungen keine Stickstoff-Mangelerscheinungen mehr auf. Dagegen kann nachgewiesen werden, dass zu intensive, nicht sehr genau dosierte und am Ertrag orientierte chemische Stickstoff- und Phosphorsäuredüngung die lebenswichtigen Mineralien und Spurenelemente im Boden geradezu blockiert. Dadurch wird in den Pflanzen ein Mangel an wertvollen organisch gebundenen Inhaltsstoffen bewirkt, vor allem eben vieler Mineralien und Spurenelemente, wie sie in dieser Form nicht oder nur ungenügend ersetzbar sind.

Die heutzutage bei unseren Pferden in immer stärkerem Umfang auftretenden Stoffwechselstörungen wie zum Beispiel viele Allergien, aber auch Skelettschäden und vorzeitige Verschleißerscheinungen sind nicht zuletzt auf das Fehlen dieser als »biologischer Komplex« organisch gebundenen Substanzen im Futter zurückzuführen. Und dies wiederum als Folge kranker, untätiger oder nicht oder nicht mehr voll belebter Böden.

▸ Der Vollblutexperte und Verbands-Zuchtleiter Dr. Wilhelm Uppenborn, sachverständiger Befürworter der Kompostanwendung, nahm seinerzeit in einem Tagungsvortrag markant und richtungsweisend Stellung zu diesem Problem.
Er hatte schon früh erkannt, dass chemischer Stickstoff und andere leichtlösliche Handelsdünger zwar beeindruckende Massenerträge mit hohem Wassergehalt und viel Eiweiß bringen, doch waren ihm gesun-

> ▸ **Zitat**
> »Chemischer Stickstoff in der Pferdezucht macht weiche Pferde!«
>
> DR. WILHELM UPPENBORN

Praxis der Mineraldüngung

■ Mineraldünger (so genannter Kunstdünger oder chemische Düngemittel), z. B. Volldünger »NPK«, sollte für Pferdeweiden nur bei Bedarf zum Nachdüngen eingesetzt werden; primäre Düngung ist vorzugsweise mit Komposterde vorzunehmen.

dehaltung (mit ausschließlich kompostgedüngter Vegetation auf Sandböden) in Form, Bewegung und Ausstrahlung »asketischer« und trockener, also insgesamt typvoller – dabei tendenziell leistungsfähiger und in ihrem Sehnen- und Bandapparat augenscheinlich belastbarer.

Aus diesen Beispielen wird klar: Die organische Weidedüngung – in erster Linie mit Hilfe von Kompost, in Verbindung mit richtig gehandhabter Weideführung und Weidepflege, macht sich auf lange Sicht drastisch an den Pferden bemerkbar und das ist ja der Zweck aller Bemühungen. Denn über das naturgemäße Futter – und eben vor allem über das naturgemäße Weidefutter, wird die Gesundheit der Tiere erhalten und gestärkt, können auch manche Gesundheitsschäden behoben werden, wie im anderen Fall ernstliche Gesundheitsschädigungen verursacht werden können!

de, robuste und »drahtige« Pferde lieber als arg quellige Exemplare. »Chemischer Stickstoff in der Pferdezucht«, sagte er, »macht weiche Pferde!«

▶ Der Hippologe Ingolf Bender, selbst Kompost-Praktiker mit viel Anwendungserfahrung auf eigenem Grünlandhof, legte in einer Langzeitstudie (Kalkar 2004) dar, dass beispielsweise Vollblutaraber bei üppigmastiger Aufzucht mit vorwiegend stark mineralisch gedüngtem Grünfutter von norddeutschen Marschweiden eher »typlos« werden und die Trockenheit der Textur weitgehend verloren gehen kann, was diese Rasse dann bereits optisch untypisch wirken lässt.

Nach seinen Darstellungen sind demgegenüber Vollblutaraber aus extensiver Wei-

Praxis der Mineraldüngung

Allgemein für jeden Einzelfall gültige Mengenregeln zur Mineral- und Stickstoffdüngung aufzustellen, ist nahezu unmöglich. In den vorhergehenden Kapiteln finden sich für die Mineraldüngung deshalb nur Faustzahlen als Anhaltspunkte. Es muss für die Praxis jedoch noch näher darauf eingegangen werden.

▶ Patentrezepte gibt es demnach nicht, denn unsere im Laufe der Erdgeschichte auf sehr verschiedene Weise entstandenen Böden enthalten die verschiedensten Mineralien und Spurenelemente in vielerlei Kombinationen. Unter diesen Kombinationen gibt es auch solche, in denen bestimmte Mineralien oder Spurenelemente nur in geringen Mengen oder gar nicht vorhanden sind. Ferner ist unser Kulturboden mit den Resten abgestorbener Pflanzenteile (= orga-

Mineral- und Stickstoffdüngung

nische Stoffe) sowie immer wieder von Luft und Wasser durchsetzt.

Alles wird von der Mikrofauna und -flora (Bakterien, Pilze, Algen, Flechten usw.) im Boden biochemisch aufbereitet und mit Hilfe der Sonnenenergie für neues Pflanzenleben verfügbar gemacht. In Millionen Jahren entstanden angepasste, sich selbst regulierende Systeme, das heißt Lebensgemeinschaften im und auf dem Boden, in gegenseitiger Wechselbeziehung. Die Griechen der Antike nannten den Boden den »Magen der Pflanze«.

Diese Lebensgemeinschaften waren auch in der Lage, sich Mängeln anzupassen, d. h. solchen Gegebenheiten, die ihren Anforderungen nicht voll entsprachen.

Erst seit der Mensch systematisch begann, »Landwirtschaft« zu betreiben, vor allem mit speziellen Nutzungsformen und – oft notgedrungen – immer anspruchsvolleren Tier- und Pflanzenzüchtungen (und dies auch auf weniger geeigneten Böden), machten sich jene Mängel als gravierende Mangelerscheinungen bemerkbar. Hinzu kam und kommt der ständige Entzug von Mineralien und Spurenelementen durch die anspruchsvollen Kulturpflanzen, zu denen auch die Weidegräser gehören, sowie infolge Auswaschungen durch Niederschläge bis in Tiefschichten, die für die Pflanzenwurzeln nicht mehr erreichbar sind.

▸ Bodenanalysen geben Hinweise auf Mängel. Zum Ausgleich dieser Mängel muss gedüngt werden. Zur exakten Feststellung der Düngebedürfnisse lässt man sich möglichst jährlich von einem mit dem Öko-Landbau zusammenarbeitenden Laborinstitut eine Bodenanalyse anfertigen, denen seitens des Labors auch gezielte Düngevorschläge (für Mineral- und Kompostdüngung) beigefügt werden. Es gibt unterschiedlich arbeitende Laborinstitute (siehe Anhang, Seite 142). Aufgrund guter Erfahrungen sei hier beispielhaft das Labor für Bodenuntersuchungen von Dr. rer. nat. Fritz Balzer, Oberer Ellenberg 5, D-67283 Amönau, empfohlen.

Bodenproben-Entnahmen müssen nach Anweisung des Labors vorgenommen werden. Preise erfragt man vorher. Jeder, der ein Stück Land bewirtschaftet, sollte seinen Boden durch eine Bodenanalyse genau kennen lernen; gegebenenfalls lässt man sich durch Fachleute vor Ort Einzelheiten näher erklären.

Der Laie frage kundige Landwirte in seiner Umgebung. In dieser Berufsgruppe sind wiederum vornehmlich Bio-Landwirte besonders gut geschult und geben ihr Wissen gerne weiter.

▸ Mineraldünger sind anorganische Stoffe. Sie können natürlicher Herkunft sein, gewonnen aus Lagern in der Erde, die in Urzeiten entstanden sind. Sie werden in der Fachsprache als »bodenbürtige« Mineraldünger bezeichnet. Für die Nutzung werden sie von der Industrie zu guter Streufähigkeit und gleichmäßigen prozentualen Gehalten verarbeitet. Mineraldünger können aber auch synthetisch hergestellt werden. Dazu sind verschiedene Verfahren entwickelt worden (z. B. das Haber-Bosch-Verfahren, siehe hierzu auch Ausführungen auf Seite 25), weshalb die Produkte auch »Kunstdünger« genannt werden (obwohl die Bestandteile mineralisch und keine Kunstprodukte im engeren Sinne sind).

Für die naturgemäße Bodenbewirtschaftung (gerade auch für die Weidewirtschaft) sollten möglichst nur die »bodenbürtigen« Mineraldünger eingesetzt werden. Sie enthalten ganz natürlich auch mehr oder weniger Spurenelemente, z. B. Magnesium, Kupfer, Bor, Mangan, die aber auch seitens der Industrie (sofern der Eigengehalt nicht ausreicht) in Standardmengen noch zugesetzt werden.

Praxis der Mineraldüngung

▸ Phosphor und Kalk sowie den Spurenelementen (insbesondere Magnesium) kommt nach wissenschaftlicher Forschung für Pferdeweiden große Bedeutung zu. Hierin dürfen also keine Mängel auftreten. Man sollte deshalb nicht untätig warten, bis sich gar Mängel an den Pferden bemerkbar machen (z. B. Knochen- und Hautabnormitäten). Auch ein Zuviel selbst nur eines Minerals kann zur Blockierung anderer Stoffe führen oder direkt Schaden im Bodenleben anrichten: Das ursprünglich harmonische Gefüge entwickelt disharmonische Eigenschaften oder stirbt ab, wird fast steril. Als Folge kommt es zu Nährstoffveränderungen in den Pflanzen-»Säften«. Diese Veränderungen wiederum können bei den Pflanzenfressern zu erheblichen Gesundheitsstörungen führen (und natürlich auch beim Menschen). Noch drastischer wirken sich (in der nachfolgenden Tabelle auf Seite 45 nicht genannte) hochprozentige Mineraldünger aus und ebenso der in dieser Tabelle (was inkonsequent scheint, aber rein zur Information abgedruckt wird) genannte synthetische Stickstoffdünger.

▸ Stickstoff ist nicht etwa »Teufelszeug« (nur weil heute in der Landwirtschaft so viel synthetischer Stickstoffdünger gestreut wird!), sondern er ist als »Lebenselixier« unverzichtbar! Für die Anwendung und Verfügbarkeit im Sinne der Natur (und aus Umweltschutzgründen, vor allem zum Schutz des Grundwassers!) müssten sich eigentlich alle Landbewirtschafter (vom Kleingärtner bis zum Profi-Landwirt) der geregelten Kompostwirtschaft zuwenden. Denn im damit gewonnenen Humus, diesem »Bergwerk des Lebens«, wird der extrem lebenswichtige Stickstoff mit Hilfe des angeregten Bodenlebens für die Pflanzen nutzbar gemacht. Tatsache ist jedoch, dass die Kompostwirtschaft gar nicht, selten oder aber in vieler Hinsicht mangelhaft betrieben wird. Und die im Handel erhältlichen organischen Stickstoffdünger (Guano, Hornmehl usw.) sind für die Verwendung auf größeren Flächen sehr teuer und sollten eigentlich immer erst mit Kompost vermischt ausgestreut werden. Infolgedessen ergibt sich der Griff nach der handlichen Dünger-»Krücke«: dem synthetischen Stickstoff.

▸ Düngermengen des synthetischen Stickstoffs »aus dem Sack« sind sehr eng zu begrenzen. Um den Schaden am Bodenleben so gering wie möglich zu halten, streut man nur sehr kleine Mengen im Frühjahr (März/April) beim ersten Austrieb der Gräser und im Sommer nach den Umtrieben bzw. nach der Heuernte. Jeweils etwa ein Eimer voll mit 10 kg pro ¼ Hektar (ein Morgen = 2.500 qm) reicht im Bedarfsfall aus. Sicher wird es etliche Profi-Landwirte geben, die diese geringe Menge Stickstoffdünger geradezu lächerlich finden, weil sie selbst zum Beispiel für ihre am konventionellen Markt orientierte Rinderhaltung (mit hoher Besatzdichte auf begrenzten Flächen) bei den heute vorwiegenden Produktionsmethoden geradezu ohne Massenerträge kaum klar zu kommen meinen.

Diese Erträge müssen nach üblichen konventionellen Zielvorstellungen zudem (anders als für eine gesunde Pferdeernährung) schon erheblich mehr Energienährstoffe und Eiweiß beinhalten, damit extrem hohe Milchmengen pro Milchkuh heute überhaupt produziert werden können. Aber das sollte keinen Pferdehalter stören oder gar beeindrucken, denn schließlich belegen gut geführte Bio-Landwirtschaftsbetriebe, dass es auch im landwirtschaftlichen Haupterwerbsbereich weit unterhalb dieser Massenerträge eine der Natur angepasste Bewirtschaftung gibt, die an Professionalität nicht zurückstehen muss – im Gegenteil! Es ist für Pferde erheblich gesünder, ihnen bei Knappheit des Weide-

Mineral- und Stickstoffdüngung

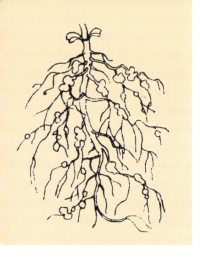

■ Die Knöllchenbakterien

grases (und dadurch bedingtem nur auf einige Stunden täglich begrenztem Weidegang) alternativ etwas Heu und Stroh zuzufüttern, als dass man für einen reichlicheren Grasertrag viel synthetischen Stickstoff einsetzt bzw. – überspitzt formuliert – »verpulvert«. So sind auch die oben zitierten Warnungen und Erfahrungen der Hippologen Dr. Wilhelm Uppenborn und Ingolf Bender zu verstehen. Schon vor mehr als 70 Jahren wurde übrigens in Trakehnen (Ostpreußen) zur Erhaltung der kernigen Trakehner Pferdesubstanz vor höheren Stickstoffgaben gewarnt – und man hat auf Weideflächen mit ausreichend gutem Leguminosenanteil (= Klee, der Stickstoff sammelt) schließlich ganz darauf verzichtet. Außerdem wurde Wert darauf gelegt, wenigstens alle drei Jahre mit Stallmist-Kompost organisch zu düngen (nachzulesen in der Zeitschrift Sankt Georg vom 01.05.1929).

▸ Naturgemäße Nutzung des Stickstoffs aus der Luft wird durch das Bodenleben (Edaphon) ermöglicht. Die Atmosphäre der Erde besteht zur Hauptsache aus dem Gasgemisch von 78 % Stickstoff und 21 % Sauerstoff. Alle Kleepflanzen (deren Anteil in Pferdeweiden nicht zu hoch sein sollte, maximal 10 %) und andere Leguminosen (z. B. Bohnen, Linsen, Erbsen usw.), außerdem manche Bäume und Sträucher leben in Symbiose mit dem Bacterium radicicola, dem »Knöllchenbakterium«.

Es dringt in die Wurzeln dieser Pflanzen ein und bildet in ihnen die mit Bakterien vollgepfropften Knöllchen (siehe Grafik auf dieser Seite). Die Knöllchenbakterien haben die Fähigkeit, den Stickstoff aus der Luft aufzunehmen, der einerseits der Pflanze direkt in organischer, pflanzenverfügbarer Form zugute kommt. Andererseits wird beim Zerfall der Knöllchen der Boden damit angereichert, wodurch auch andere Pflanzen, zum Beispiel die Weidegräser, davon profitieren, das heißt Stickstoff für ihr Wachstum verwerten können. Unter günstigen Bedingungen kommen auch nicht symbiotisch mit den Pflanzen lebende, aber dennoch selbstständig Stickstoff sammelnde Bakterien im Boden vor, z. B. die Bakterien Acetobakter.

▸ **Fazit:** Nur bei Berücksichtigung der Naturgesetze hat eine gesunde, naturnahe Pferdeweide auf Dauer Bestand. Diese Gesetzmäßigkeiten machen die Anwendung des Kompostes (und der auf der Weide verteilten Exkremente von Wiederkäuern) als »Rückgrat« der Weidewirtschaft erklärlich und notwendig. Gleiches gilt für alle übrigen später beschriebenen Maßnahmen zur Weideführung und Weidepflege.

Es gehört sicher ein erhebliches Engagement dazu, dass eine solche »Ganzheit« auch tatsächlich befriedigend funktioniert. Doch wird man schließlich um so erfreuter sein, wenn alles gedeiht, wenn der Traum vom eigenen, auf gesunder Weide natürlich und gesund gehaltenen Pferd Wirklichkeit geworden ist. Dabei muss selbstverständlich bedacht werden, dass auch natürliche Vorgänge durch »Rückschläge« (oft witterungsbedingt!) zeitweise, meist nur vorübergehend, gestört werden können. Wiesen und Weiden sind so Teil eines dynamischen Geschehens in der Natur.

Praxis der Mineraldüngung

FÜR PFERDEWEIDEN GEBRÄUCHLICHE MINERALDÜNGER[1]

Düngearten	Mineraliengehalt/ sonstige Inhaltsstoffe[2][3]	Erläuterungen	Ausbringung
▶ Urgesteinmehldünger - basische Basaltmehle - saure Granit-, Gneis-, Porphyrmehle	P_2O_5 niedrig, K_2O niedrig, unterschiedlich hoher SiO_2-Gehalt, reichlich Spurenelemente	basische Mehle für Sandböden, saure Mehle für Kalk- u. Tonböden	jederzeit, am besten vom Herbst–Frühj. in Mengen von 500 bis 1.000 kg/ha
▶ Kalkdünger - kohlensaurer Magnesiumkalk (z. B. »Dolomit«) - Algenkalk, (z. B. »Algomin«) - Hüttenkalk u. Ä.[4]	$CaCO_3 + MgCO_3$ in unterschiedlicher Zusammensetzung $CaCO_3 + MgO$ in untersch. Zusammens. $CaO + MgO$ in untersch. Zusammens.	- Grunddüngung für leichte bis mittlere Böden - für alle Böden - für alle Böden	alle Kalksorten am besten im trockenen Herbst bei Windstille
▶ Phospahtdünger (aus Rohphosphaten) - Hyperphos - Novaphos - Thomasphosphat (sehr ähnlich d. Rohphosphat)	25 % P_2O_5, 40 % CaO, 1 % MgO 22 % P_2O_5, 35 % $CaSO_4$ 15 % P_2O_5, 45 % CaO, 2 % MgO	Grunddüngung für alle Böden	durchweg im zeitigen Herbst
▶ Kalidünger - Kalimagnesia - Magnesia-Kainit	30 % K_2O, 10 % MgO 12 % K_2O, 6 % MgO, 24 % Na_2O	Grunddüngung für alle Böden	am besten im zeitigen Frühjahr
▶ Synthetische Stickstoffträger (basische) - Perlkalkstickstoff (z. B. »Perlka«) - Kalksalpeter - Kalkammonsalpeter	20 bis 22 % N, 55 % CaO 14 % N + CaO 26 % N + CaO	Düngung zur Förderung von Blattmasse, Kalkstickstoff hat auch herbizide Wirkung	falls unvermeidbar: nur zurückhaltende niedrig dosierte Anwendung (z. B. 10 kg/2.500 qm); März/April sowie bei Bedarf in der Vegetationszeit (z. B. nach Umtrieb)

[1] Mengen und Sorten sind unter Berücksichtigung der Bodenanalyse zu wählen; wird allerdings mit vollwertigem Reifkompost vollflächig gedüngt, so sind normalerweise zusätzlich alle zwei Jahre lediglich noch Kalkdünger erforderlich (entsprechend der pH-Wert-Analyse).
[2] N = Stickstoff, P_2O_5 = Phosphorsäure, K_2O = Kaliumoxid, CaO = Kalziumoxid, $CaCO_3$ = Kohlensaurer Kalk (Kalziumkarbonat), MgO = Magnesiumoxid, $MgCO_3$ = Magnesiumkarbonat, $CaSO_4$ = Kalziumsulfat (= schwefelsaurer Kalk = Gips), Na = Natrium
[3] Die konkreten Reingehalte an N, P_2O_5, K_2O usw. der jeweiligen Düngemittelsorten sind immer in Prozent auf den Düngersäcken angegeben (der Rest besteht aus Ballaststoffen).
[4] Branntkalk ist hier nicht genannt, da seine Verwendung wegen der Ätzwirkung durchweg ungünstig sein kann.

Mineral- und Stickstoffdüngung

▶ *Zusätzliche Erläuterungen zur Tabelle auf Seite 45*

▶ Zur so genannten Grunddüngung gehören die Kalk-, Phosphat- und Kalidünger, die auch eine Vielzahl von Spurenelementen enthalten.
Kalidünger mit höheren K_2O-Gehalten sind nicht genannt, da sie für Pferdeweiden nicht geeignet sind.

▶ Die synthetische Stickstoffdüngung wird als so genannte Kopfdüngung bezeichnet. Es kommen für Pferdeweiden, falls unvermeidbar, nur basische Stickstoffdünger in Frage.

▶ Die Streutermine sind immer witterungsabhängig und richten sich ebenfalls nach der Höhenlage. Kalkdüngung erfolgt am besten im Herbst (oder im zeitigen Frühjahr) bei trockenem, windstillem Wetter.
Thomasphosphat hat sich auf Pferdeweiden seit vielen Jahrzehnten mit seiner nachhaltigen Wirkung sehr bewährt. Es löst sich langsam und nur bei Bodentemperaturen ab plus 10° C, weswegen diese Düngung am besten im zeitigen Herbst erfolgen sollte – ausschließlich bei trockenem Wetter und Windstille. Im Herbst sind die Böden vom Sommer her noch einigermaßen warm, während im Frühjahr, nach der Winterkälte, die allmähliche Erwärmung erst im April/Mai einsetzt.

▶ Auch für Hyperphosphat ist das Streuen im Herbst günstiger. Novaphos kann sowohl im Herbst als auch im Frühjahr gestreut werden.
Es ist erkannt worden, dass sich die Wirksamkeit von Phosphatdüngern erheblich steigern lässt, wenn man sie beim Aufsetzen des Komposthaufens mit hineinmischt. Auf die Mengenverhältnisse muss dabei geachtet werden.

▶ Kalimagnesia im zeitigen Frühjahr ausstreuen, Magnesia-Kainit im Herbst (oder Frühjahr).

▶ Perlkalkstickstoff und Kalksalpeter sind schnell wirkende synthetische Stickstoffdünger. Kalkammonsalpeter wirkt in Etappen und daher länger anhaltend.
Streutermine März/April und nach Umtrieb ca. Juli/August bzw. auch nach einer Heuernte.

▶ Jedes Düngemittel (auch die Kompostdüngung) nicht während der Beweidung, sondern vorher oder nachher ausbringen.

Weideführung

Weideperiode

Die Dauer der Weideperiode beträgt innerhalb der gemäßigten Zone im nördlichen Europa etwa 150 bis 200 Tage. Sie ist am kürzesten in den östlichen Kontinentalgebieten, etwa östlich der Oder-Neiße-Linie; am längsten in den Gebieten mit maritimem Klima, dessen günstigste Lagen sich in Südwestengland, Cornwall und Irland befinden (durch klimatischen Einfluss des warmen Golfstroms). Im nordwestdeutschen Raum, in den Niederlanden und Dänemark sowie im süddeutschen Voralpenland, ebenso wie im österreichischen und schweizerischen Alpenvorland liegt die Weidezeit im Mittel z. B. für Milchkühe bei 165 Tagen. Im Norden beginnt die Weideperiode später und dauert länger, im Süden setzt sie früher ein und endet auch früher. Innerhalb dieses europäischen Raumes ist die Weideperiode aber, rein entwicklungszeitlich (phänologisch) gesehen, gleich.

A. H. Könekamp (Der Grünlandbetrieb, Stuttgart 1959) beschreibt es treffend: »Sie beginnt …, mit der Blüte der wilden Kirsche und endet mit der Laubverfärbung der Rosskastanie … Die Höhenlage und Neigung zur Sonneneinstrahlung spielen eine ebenso große Rolle wie die Schwere des Bodens, seine Grundwasserstände – Faktoren, die eine Erwärmung des Bodens entscheidend beeinflussen … Die Regel wird jedoch durchbrochen … durch die Bewirtschaftungsmaßnahmen des Menschen … Dauerweiden … deren Bodentätigkeit und Nährstoffversorgung in Ordnung sind, ermöglichen durchaus eine Verlängerung der Weidezeit … Zu später Weideabtrieb ist immer falsch … Das bedeutet, dass die Pflanzen nicht mehr in der Lage sind, ihre Wurzelstöcke mit Assimilaten aufzufüllen, was wiederum zur Folge hat, dass sie erst spät mit dem Wachstum wieder einsetzen können.«

Für Pferdehalter bietet sich mancherorts die Gelegenheit, auf bäuerlichen Rindviehweiden noch im Herbst und Frühwinter das überständige Gras nachweiden zu lassen, wodurch sich die Weidezeit verlängern lässt. Gleichzeitig ist das für die Grasnarbe der Rindviehweide sinnvoll, weil überständiges Grünzeug ansonsten den Frühjahrsaustrieb behindert.

■ Zum Anweiden im Frühjahr sollte die Weidevegetation etwa 15 cm hoch sein.

Zufütterung

Es versteht sich, dass im Spätherbst und Frühwinter – je nach der Weidebeschaffenheit und dem Bedarf der Pferde – Stroh und Heu zugefüttert werden müssen.
Auch gehört täglich vorsorglich ein Mineral-/Vitamin-/Spurenelement-Gemisch dazu sowie immer der ganzjährig obligatorische Salzleckstein (Gras ist natriumarm!).
Dasselbe gilt im Frühjahr beim Weideauftrieb. Hierbei sollte man besonders vorsichtig sein. Damit es nicht zu Stoffwechselkrankheiten (wie z. B. Hufrehe, Durchfälle) kommt, lässt man die Pferde zunächst täglich nur stundenweise grasen. Die übrige Zeit wird die Weide zunächst gesperrt. Zum Anweiden können als Beispiel vormittags eine halbe Stunde und abends eine Stunde Weidegang zunächst für eine Woche völlig ausreichend sein. Vor dem begrenzten Weidegang sowie danach sollte unbedingt Raufutter im Stall oder im Auslauf vorgelegt werden! Zu bedenken ist, dass das junge Frühjahrsgras sehr reich an Eiweiß, Kalium, Phosphor und Wasser ist. Der Rohfasergehalt ist demgegenüber noch äußerst gering. Hierauf muss sich der Magen-Darm-Trakt erst langsam umstellen. Das Pferd braucht für seine Verdauung immer genügend Rohfaser, weshalb die Zufütterung von Stroh und Heu täglich in der Frühjahrs-Übergangsphase unbedingt wichtig ist und nie vergessen werden darf.
Guter Futterkalk (z. B. Algomin) sollte als Zufutter ebenfalls nicht fehlen. Auf eiweißreiches Kraftfutter kann im Frühjahr am ehesten verzichtet werden. Dem Pferd im Training gibt man am besten qualitativ guten Hafer (das ist Hafer, der ordentlich getrocknet und gelagert wurde und keine Nagerexkremente oder gar Schimmelpilze enthält). Huftiere sind in starkem Maße auf die rhythmische Einstimmung zu ihrer Umwelt angewiesen. Professor Dr. H. Hediger hat nachgewiesen, wie eng sich das Tier an die Wiederholung des gestrigen Tagesablaufes halten möchte, wenn es ungestört leben kann. Nur wenn ein solcher naturgemäßer Rhythmus auch in »menschlichem Gewahrsam« eingehalten wird, bleibt das Tier gesund. In die Praxis der Pferdehaltung übertragen: Auch bei Weidetieren muss die Zufütterung auf der Weide je nach Bedarf und Jahreszeit täglich (ein- bzw. zweimal) möglichst zu den gleichen Zeiten mit nur geringen Abweichungen erfolgen. Das betrifft auch die mindestens dreimal tägliche Winterfütterung. Beim Übergang von der Weide- zur Winterfütterung hat es sich bewährt, als »Saftfutter« Rüben und Möhren täglich zu verabreichen.

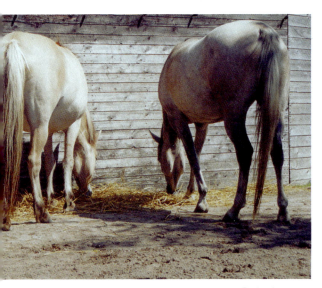

■ *Insbesondere beim Anweiden im Frühjahr empfiehlt es sich, ausreichend Heu oder Stroh in Weidepausen zu füttern.*

Weidebedarf

Wie viel Weide braucht mein Pferd? Die Frage nach der erforderlichen Größe der Weide berührt natürlich ein zentrales Pro-

Weidebedarf

blem, das sich vor allem für den privaten Pferdehalter stellt, der Weiden zu pachten sucht. Aber es gibt für den Flächenbedarf keine verlässliche Norm. In jeder Situation muss individuell entschieden werden, denn die Örtlichkeit ist vielfach entscheidend: Weide ist nicht gleich Weide und Bodenfruchtbarkeit sowie Ertrag differieren erheblich. Vieles hängt auch von den Zielvorstellungen der Pferdehaltung ab. Für Zuchttiere beispielsweise sind regelmäßig sehr große Flächen erforderlich, weil sie durchweg mindestens ganztägig weiden sollten. Immer allerdings sind – losgelöst von allen unterschiedlichen Zielvorstellungen – arrondierte (= angrenzende) Weideflächen beim Haus oder in schnell erreichbarer und überschaubarer Nähe allen Flächen vorzuziehen, die entfernter liegen und im Pachtpreis vielleicht erheblich günstiger sind.

Man schaue nicht auf 100 Euro mehr oder weniger im Jahr für den etwaigen Pachtpreis des Weidelandes. Hauptsächlich aus Sicherheitsgründen ist es heute immer angenehmer, angrenzendes Land zu nutzen, weil kriminelle Subjekte sich in manchen Gegenden an Pferden vergreifen – und eine 24-stündige Überwachung entlegener Weiden (trotz vieler technischer Überwachungsinstallationen) letztlich völlig illusorisch ist. Und wer möchte schon stets in Unruhe leben?

▸ Liegen die Weiden nicht direkt beim Haus, dann müssen die Pferde zur Weide geführt oder getrieben bzw. stets mit dem Anhänger transportiert werden. Das ist zeit- und personalaufwändig sowie mit Sicherheitsrisiken verbunden, insbesondere dann, wenn Jungpferde und hochblütige Pferde (u. a. Warmblüter, Vollblutaraber) gehalten werden. Bei Anhängerbenutzung darf aus Sicherheitsgründen nicht auf öffentlicher Straße vor dem Weideeingang entladen werden – man muss schon in die Weide hineinfahren. Das erfordert in der Regel ein star-

■ *Bei knapper Weide müssen insbesondere Warmblutpferde stärker zugefüttert werden; für alle Pferde ist auch bei Weidegang die Zufütterung von handelsüblichen Mineralstoffpräparaten erforderlich (z. B. täglich ein Mineral-Biskuit oder drei Weide-Bigs).*

kes allradgetriebenes Offroad-Zugfahrzeug oder alternativ einen genügend großen, plattierten Parkplatz auf der Weide, der aber im Außenbereich ökologisch als Flächenversiegelung ungünstig ist und auch stets genehmigungspflichtig wäre! Gut geeignet sind auch durchlässige Bodengitterplatten (s. Foto auf Seite 50).

Benutzt oder überquert man beim Treiben oder Führen öffentliche Straßen, sind strenge Sicherheitsvorkehrungen unerlässlich – und im übrigen auch nach der Straßenverkehrsordnung vorgeschrieben. Zur Straßenüberquerung ist mindestens ein zusätzlicher Helfer mit einer roten Fahne zur Absicherung erforderlich. Stark befahrene Straßen wie Bundestraßen dürfen nur mit zwei absperrenden Helfern überquert werden. Bei gering frequentierten Nebenstraßen, die man z. B. beim Haus in Dorflage überquert, sollte man trotzdem immer zur Warnung anderer Verkehrsteilnehmer vor der Überquerung (auch wenn Pferde geführt werden!) wenigstens so genannte Absperrkegel auf die Straße stellen (siehe Foto auf Seite 50), damit rechtzeitig gebremst wird und

Weideführung

■ *Bei Passage öffentlicher Verkehrswege müssen Sicherheitsvorkehrungen getroffen werden, z. B. durch Absperrseile und Warnpylone.*

schlimme Schäden durch unachtsame Raser vermieden werden. Unzulässig (weil lebensgefährlich) ist es übrigens, Pferde im öffentlichen Verkehrsraum als Radfahrer mit Handpferd oder gar mit einem Motorrad oder hinten an einen Traktor angebunden zur Weide zu bringen!

Als allgemeine Richtzahlen für den Flächenbedarf können gelten:
Für zwei Shetlandponys mögen 1.500 qm (zum Umtrieb in drei Koppeln eingeteilt!) schon angemessen sein, für zwei Pferde mittlerer Größe (etwa Isländer, Fjordpferde, Connemara, Haflinger sowie kleinere Großpferde) reichen 2.500 bis 5.000 qm.
Doch es hängt im Einzelnen ab
▸ von der Ergiebigkeit der Weide; diese wiederum von gesundem, lebendigem Boden und artenreicher Zusammensetzung der Grasnarbe;
▸ vom Klima, von ausreichenden Niederschlägen und genügend Sonne;
▸ von den ganz individuellen Ansprüchen der gehaltenen Pferde, die auch innerhalb derselben Rasse, Größe, Altersgruppe recht verschieden sein können;
▸ von der Art der Nutzung der Weide; ob ständiges Weiden (wie es bei Mutterstuten

und aufwachsenden Jahrgängen nötig ist) oder ob der Weidegang eingeschränkt werden soll, weil Reit- und Fahrnutzung mehr Trockenfutter, inklusive Kraftfutter, erfordern oder weil die Pferde einfach sonst zu fett würden.

Selbstverständlich darf man einen der Hauptzwecke, der mit der Weidehaltung unserer Pferde verbunden ist, nicht aus dem Auge lassen: die ihnen naturgemäße Bewegungsmöglichkeit! Nach A. H. Könekamp (Der Grünlandbetrieb, Stuttgart 1959) hängt nur etwa je ein Viertel des Weideertrages von Klima und Bodenverhältnissen ab. Mehr als die Hälfte wird dagegen unmittelbar durch die Wirtschaftsweise des Menschen bestimmt, nämlich durch Düngung, richtige Weideführung und konsequente Weidepflege.

Rinder und Schafe

Es ist eine bedauerliche, aber nicht wegzuleugnende Tatsache, dass Weiden, die von Pferden beweidet werden, besonderer Maßnahmen bedürfen, um auf längere Sicht eine artenreiche, schmackhafte (und auch ökolo-

■ *Bodengitterplatten für einen Treib- und Fahrweg, die mit Erde verfüllt und angesät wurden.*

Rinder und Schafe

■ Sehr gut lassen sich Galloways, die umgänglichen schottischen Robustrinder, zusammen mit Pferden halten (hier abgebildet eine Kuh mit ihrem drei Monate alten Bullenkalb).

gisch attraktive) Grasnarbe zu behalten. Neben der fortschreitenden Verwurmung der Weide (wenn nicht die Exkremente der Pferde spätestens alle drei Tage abgesammelt werden!) wird durch den Tritt des Pferdes und vor allem durch seinen scharfen Biss die Grasnarbe negativ beeinflusst. Dazu lässt das Pferd bekanntlich viel Grünzeug stehen, was ihm nicht schmeckt, es ist wählerisch. Solche Weiden »verwildern« und verkrauten in kurzer Zeit, sie bieten dann keine gesunde Ernährungsgrundlage mehr. Das beste Regulativ ist deshalb die Einschaltung des Rindes, um zunehmende schädigende Verkrautung zu verhindern! Die Ansichten darüber, wie viele Pferde anteilmäßig zusammen mit Rindern auf einer Weide grasen dürfen, damit das Grünland auf längere Sicht nicht ruiniert wird, gehen auseinander. Als Besatzrelation werden 15 bis 30 % Pferde angesehen und praktiziert. Wie sich aus Aufzeichnungen von Ingolf Bender (2003) ergibt, hält er ein Verhältnis von 20 % (prak-

tisches Beispiel: zwei Pferde plus z. B. acht Galloway-Rinder; siehe Foto) für sinnvoll und ausreichend. Das heißt: Auf Weiden, die mit 85 bis 70 % Rindern besetzt sind, können zusätzlich vorher, gleichzeitig oder hinterher 15 bis 30 % Pferde grasen. Zugegeben jedoch: Das lässt sich nicht immer einrichten, sehr schwierig oder unmöglich ist das natürlich in privaten Hobby-Pferdehaltungen. Ausgenommen auf kargen Sandböden, kann auch das Schaf in Kombination mit dem Pferd gute Dienste leisten, um die Grasnarbe attraktiv zu erhalten. Statt eines Rindes wird man etwa sechs bis sieben Schafe rechnen; dies ist aber nur ein Anhaltspunkt, weil Rassen und Alter der Tiere Abweichungen bedingen. Sehr gut eignen sich Primitivrassen (z. B. Skudden und Heidschnucken). Das nachfolgende Zitat von U. Zettritz (Immer mehr Schafe und doch viel zu wenig?; Zeitschrift »Das Tier«, 1976) trifft auf die guten Dienste des Schafes ganz allgemein zu – wenn es auch speziell auf Weiden

Weideführung

in steilen Lagen Bezug nimmt: »Hier kommt dem Schaf seine große Bedeutung als biologischer Landschaftspfleger zu, denn es bearbeitet und pflegt Boden und Pflanzen auf vielfältige Art und Weise … düngt die Weiden mit seinem Kot, sucht sich die richtigen Gräser heraus und tritt gleichzeitig solche, die es nicht mag, unter die Hufe und knickt sie ab. So festigen die Schafe mit ihren Tritten die Grasnarbe und tragen zur Verbesserung des Pflanzenbestandes bei.« Man spricht deshalb vom »goldenen Fuß« des Schafes. Aber leider kennt man auch seinen »giftigen Zahn«! Denn es verbeißt die Grasnarbe äußerst tief und scharf, wenn es nicht sorgfältig gehütet und rechtzeitig umgetrieben wird. Aus diesem Grunde gibt es unter den erfahrenen Praktikern sehr widersprüchliche Ansichten.

In kleinen Pferdehaltungen wird man aber wegen der begrenzten Möglichkeiten auf Schafe zurückgreifen und fährt sicherlich gut dabei, wenn alle hier angegebenen Regeln der Weideführung beachtet werden.

Nicht für alle Reiter und Pferdefreunde mit der eigenen Pferdehaltung »beim Haus« wird sich eine geregelte, gemischte Weidehaltung verwirklichen lassen.

Man muss bedenken, dass eine zweite Tierart auch tiergerecht versorgt sein will und entsprechende Fachkenntnisse (Futteransprüche, Klauenpflege usw.) erworben werden müssen, damit keine Vernachlässigung entsteht. Um so dringlicher sei geraten, sich zum eigenen und der Pferde Nutzen an die Regeln und Maßnahmen für den Aufbau einer gesunden Weide, die Weideführung und Weidepflege zu halten.

Mini- und Maxiweide

Zu kleine Weiden ohne Umtriebsmöglichkeiten sind häufig in sehr kurzer Zeit durch Pferde mehr oder weniger langfristig rui-

■ *Robuste Naturschafe (z. B. Skudden) eignen sich für den Weideausgleich in Pferdehaltungen.*

niert (das kann bei Trockenheit innerhalb von drei Monaten geschehen).

Selbst wenn man behutsam mit kleinen Flächen wirtschaftet, bleiben es »Sorgenkinder«. Um sie im wahrsten Sinne notdürftig am Leben zu erhalten, bedürfen sie bester Pflege – einschließlich konsequenter jährlicher Kompostdüngung. Die Pferde kann man auf arg begrenzten Flächen täglich nur stundenweise grasen lassen, und diese Weidezeit muss dem jahreszeitlichen Weideertrag genau angepasst sein. Der Mangel an Bewegung während des übrigen Tages sollte dann durch Reiten oder Fahren und durch Eigenbewegungsmöglichkeit in einem genügend großen Sandauslauf ausgeglichen werden.

Zu große Weiden können natürlich auch erhebliche »Kopfschmerzen« und Verdruss bereiten. Wenn es bei zu großen Flächen nicht gelingt, eine entsprechende Anzahl Wiederkäuer, die eifrig mitfressen, mit aufzutreiben (eventuell bei einem Landwirt »ausleihen«), bleibt nur die Möglichkeit, vom unvermeidlichen Aufwuchsüberschuss im Juni Heu oder Heulage zu machen. Besonders problematisch sind große Flächen, wenn bei »zu sparsamen« Hobby-Pferdehaltern keine geeigneten Maschinen zur Ver-

fügung stehen, die z. B. überständiges Grünfutter ausmähen können.
Per Handarbeit (z. B. nur mit einer Sense) lässt sich das großflächig alles kaum erledigen. Würde man Dünge- und Pflegemaßnahmen einfach unterlassen, um eine »Naturweide« mit möglichst wenig Gras zu haben (»weil ja alles Arbeit macht«), muss man damit rechnen, dass sich der Pflanzenbestand gravierend zum Nachteil verändert. Verschmähte Pflanzen (z. B. Sauerampfer und Disteln) kommen stärker zur Samenreife und vermehren sich unverhältnismäßig üppig gegenüber den von Pferden bevorzugten Futterpflanzen (z. B. Süßgräser).
Je nach der Ausgangssituation geht das auf der einen Weide schneller vor sich, auf einer anderen dauert es länger, bis nur noch Kraut und Quecken wachsen – und die Ernährungsgrundlage für Pferde (trotz großer Flächen) immer geringer wird.
Der Grund ist stets derselbe: Ausschließlich von Pferden beweidete, kurz verbissene und »selektierte« Flächen sind ohne Ruhepausen und sorgfältige Befolgung aller Aufbau- und Pflegemaßnahmen auf Dauer nicht in akzeptabler Verfassung zu halten.

■ *Eine typische ungepflegte Pferdeweide, wie man sie leider häufig sieht: Kotplätze, Geilstellen, Ampferhorste.*

Weideunterteilung

Jede Weide muss mindestens einmal, besser mehrmals unterteilt werden, damit die durch Unterteilung entstehenden einzelnen Koppeln nach dem Abweiden etwa drei Wochen ruhen können, um nachzuwachsen. Dem Bedürfnis der Pferde, zu galoppieren, entspricht es am Besten, wenn man es einrichten kann, den Koppeln eine längliche Form zu geben und die Zaunecken »abzurunden«, um gefährliche Stopps vornehmlich bei hochblütigen, bewegungsaktiven Pferden abzumildern. Vor allem sollte man es bei genügend Flächenvorrat so einrichten, dass abwechselnd jede Koppel ein Jahr lang nicht von Pferden betreten wird. Diese Koppel wird dann vorzugsweise von (Leih-)Rindern oder Schafen beweidet; im anderen Jahr die nächste Koppel und so fort. Stehen weder Rinder noch Schafe zur Verfügung, sollte man doch abwechselnd die Koppeln wenigstens einige Monate von Pferden verschonen und hier dann Heu ernten. Das ist zwar nur eine Notlösung, aber dennoch besser als das ständige einseitige Beweiden mit Pferden.

Weidehygiene

Nicht allein zur Schonung der Weiden ist das wechselweise Grasen mit Wiederkäuern (notfalls Heuschnitt) notwendig, sondern auch im Hinblick auf die Weidehygiene. Die Verseuchungsgefahr der Pferdeweiden mit Eiern und Larven der Pferdeinnenparasiten (u. a. besonders der Spulwürmer und Blutwürmer, aber auch der Bandwürmer) kann gar nicht überschätzt werden.
Im Verdauungstrakt der Wiederkäuer jedoch geht ein großer Teil davon zugrunde; das ist der weitere große Vorteil der gemischten Beweidung.
Bei Überwiegen der Anzahl an Pferden und nicht geregeltem gemischtem Weidebetrieb ist dringend anzuraten, spätestens alle drei

Weideführung

Tage oder pauschal zweimal wöchentlich den Kot aus der Weide abzusammeln! Das Heu von unsauberen, nicht vom Kot gereinigten Koppeln kann man nicht an Pferde verfüttern, ohne sie mit einer Fülle von Parasiten zu infizieren. Ganz schlimm sieht es mit der Verwurmungsproblematik dort aus, wo Pferdekot auf Pferdeweiden noch durch Abschleppen großflächig verteilt wird. Das ist strikt abzulehnen und gehört nicht zur fachlich richtigen Weidepflege. Insbesondere in den Veröffentlichungen des Tierarztes Dr. med. vet. Helmut Ende wird immer wieder eindringlich auf die Verwurmungsgefahr der Pferde durch unhygienische Weiden hingewiesen. Weidehygiene ist also kein Selbstzweck, sondern eine tiermedizinisch begründete Notwendigkeit.

Nicht nur die geregelte Entwurmung der Pferde ist notwendig, sondern gegebenenfalls auch diejenige von Schafen und/oder Rindern. Hierbei sind wegen der Übertragbarkeit auf Pferde speziell die Magenfadenwürmer (Trichostrongyliden) zu berücksichtigen. Wenn Esel mitweiden (sie sollten immer nur begrenzt weiden und niemals zu üppig gefüttert werden!), so ist auf Lungenwurmbefall zu achten (besonders bei importierten Eseln oder solchen, die aus verwahrloster Haltung stammen, was leider nicht

■ Entwurmung der Pferde gelingt flott mit modernen Dosierern.

selten der Fall ist). Pferde stecken sich leicht mit Lungenwürmern an und bekommen dann einen u. U. schwierig zu therapierenden Husten. Es ist also für alle Tiere mit dem zuständigen Tierarzt ein Entwurmungsplan festzulegen (ebenso wie auch für Weidepferde ein Impfplan gegen Tetanus und Tollwut zu erstellen ist).

▶ Es ist wichtig, stets bei der folgenden Wurmkur den Entwurmungswirkstoff (ganz unabhängig übrigens vom Hersteller-Markennamen des Präparates!) zu wechseln. Zum Beispiel hilft der Wirkstoff Praziquantel besonders gegen Bandwürmer, der Wirkstoff Ivermectin besonders gegen Magendasseln usw.

Durch das Wechseln des Wirkstoffs vermeidet man auch Resistenzbildungen bei den zu bekämpfenden Parasiten.

Nimmt man nämlich immer den gleichen Wirkstoff, gewöhnen sich die Parasiten daran und sind später nur noch ungenügend zu bekämpfen, weil sich mutierende Stämme mit Resistenzen bilden. Wurmpasten werden mit einem Schiebedosierer (den man bei etwas hochgedrücktem Pferdekopf ins Pferdemaul auf den hinteren Zungenhals entleert) verabreicht: sie sind gut verträglich. Wurmmittel dürfen niemals (z. B. aus falsch verstandener Sparsamkeit) unterdo-

■ In einem Haufen Pferdeäpfel entwickeln sich bis zu 5.000 Fliegen, wenn der Haufen auf der Weide liegen bleibt.

siert werden. Dagegen kann ohne Komplikationen mit etwa 20 % mehr Wirkstoff als empfohlen entwurmt werden.

Beim Übergang von der Weide zur Stallfütterung – und umgekehrt – sollten Wurmkuren erst acht bis zehn Tage nach der Futterumstellung durchgeführt werden, um den Magen-Darm-Trakt nicht über Gebühr zu belasten.

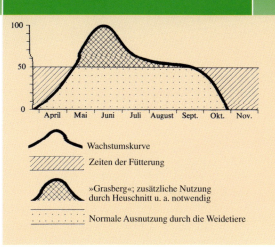

■ Der »Grasberg« (nach Prof. Könekamp, a.a.O.)

Grasberg

Durch den jahreszeitlichen Wachstumsrhythmus ergibt sich trotz gleichbleibender Anzahl der Tiere im ersten Drittel der Weidezeit ein mehr oder weniger hoher Überschuss an Weidegras und Kräutern, den die Weidetiere »beim besten Willen« nicht verzehren können. Ganz ausgeschlossen ist, etwa das Grünfutter sozusagen »als Futterreserve« stehen zu lassen, wie mancher gutwillige Laie denken mag. Leider wird das nicht nur gedacht, sondern manchmal auch von Pferdehaltern praktiziert.

Das ist nicht nur Verschwendung, wenn man bedenkt, was mit diesem nährstoffreichen Grünfutter geschieht: Die Stengel verholzen und enthalten dann zwar viel unverdauliches Lignin, aber kaum noch wichtige Nährstoffe. Die unteren Teile verfaulen schließlich mangels Licht und Luft. Die Weidetiere finden weitgehend statt einer »Futterreserve« nur Ungenießbares, laufen ständig hin und her, weil sie nach »normalem« Futter suchen, und zertreten bei diesen Aktivitäten den größten Teil des Alt-Bewuchses. Was bleibt, ist ein Weidechaos. Und es macht allerlei Arbeit, eine derartige Fläche wieder in Ordnung zu bringen. Meist muss gemäht werden – und das Altgras wandert mühevoll auf den Kompost. Zu empfehlen ist deshalb dringend: Jeder Überschuss sollte vorzugsweise rechtzeitig im Juni als Heu bzw. Heulage geerntet werden. Dadurch gewinnt man Raufutter für den Winter und erspart sich unter Umständen auch einen Teil des Zukaufes. Noch aus einem anderen Grunde ist es wichtig, dass der Überschuss rechtzeitig vor oder bei Beginn der Blüte abgemäht wird: Es soll ja wieder junges, nährstoffreiches Gras nachwachsen! Das kann es aber nicht bei der oben beschriebenen Misswirtschaft mit vor sich hin faulendem Aufwuchs.

■ Große Weideflächen müssen zur Zeit des so genannten Grasbergs im Mai/Juni abgeerntet werden, da sonst der Aufwuchs verdirbt, wenn ihn die Pferde nicht bis Juni abgrasen.

▸ WEIDEPFLEGE

Wer Weiden nutzt, kommt nicht umhin, diese auch nach fachlichen Grundsätzen zu pflegen. Weiden sind Kulturflächen, die nicht etwa sich selbst überlassen werden können. Falsch verstandene »Verwilderung« wäre auch aus ökologischer Sicht nicht ratsam. Zum Ende der Weideperiode sollte durch optimale Pflege und Nutzung sichergestellt werden, dass die Narbe kurz in den Winter geht. Eine Aufwuchshöhe von fünf bis acht cm hat sich hierbei bewährt, da hierdurch die Gefahren von Auswinterungsschäden durch Frost und Schnee verringert werden. Zu langes Wintergras fault und behindert den Frühjahrsaustrieb erheblich, es entstehen Lücken, die von unerwünschten Pflanzen (so genannte Platzräuber) besiedelt werden. Es gilt weiterhin, Trittschäden durch nasse Bodenbedingungen im Herbst bzw. Winter durch einen regional unterschiedlichen frühzeitigen Abtrieb zu verhindern.

Reinigungsschnitt

Als Reinigungsschnitt wird das Nachmähen oder »Köpfen« bezeichnet. Abgeweidete Koppeln, auf denen teils noch Gräser und Kräuter stehen blieben, die von den Weidetieren verschmäht wurden, werden nach dem Umtrieb der Tiere auf eine andere frische bzw. nachgewachsene Weide »geköpft«: Das Mähmesser wird dazu etwas höher gestellt als beim normalen Mähen. Auch mit der Sense braucht man jetzt nicht nahe am Boden zu mähen. Dieses Nachmähen beseitigt verholzte Stängel, Unkrautblüten und -samen sowie überständiges Gras (z. B. die von Pferden ungern gefressenen Queckengräser oder die Ampferarten). Dadurch kann frisches Gras besser und gleichmäßiger nachwachsen und wird dann von den Pferden auch wieder gern gefressen. Die Verbreitung von unerwünschten Pflanzen (so genannte Unkräuter) wird verhindert, denn sie gelangen bei rechtzeitigem Köpfen nicht zum Aussamen. Dieses wiederholte Nachmähen, besonders der Unkrautstellen, ist ein sehr wirksames Mittel, Unkraut ohne Herbizideinsatz in Schach zu halten. Nur wenn das Abgemähte zu dick auf der Weidenarbe liegt, muss es entfernt werden. In sehr dünnen Lagen kann es aber liegen bleiben, es dient sogar dem jungen Gras

■ *Grundsätzlich ist im Winter die Weide zu sperren, sie braucht Ruhe, da sonst die Grasnarbe total beschädigt wird; kleine Teilbereiche der Weide können als Trampelkoppel genutzt werden, wenn diese Teilbereiche im Frühjahr wieder sorgsam hergerichtet werden (z. B. durch Anwalzen).*

Maßnahmen bei Staunässe

■ *Weidekoppel, die überwiegend mit Queckengras bewachsen ist; das Gras wurde teils abgemäht, weil die Pferde es nicht fressen.*

als »Schutz vor Sonnenbrand« – ohne zu viel Licht zu nehmen. Allmählich werden abgemähte Grünzeugteile dann vom Bodenleben verzehrt (z. B. holen sich Regenwürmer Grashalme in ihre Gänge).

Man sollte wenigstens zweimal während der Vegetationszeit den Bestand »köpfen«.

Maßnahmen bei Staunässe

Staunässe ergibt für Pferde sehr ungesunde Weiden, weshalb solche Grünlandflächen besser nur als Wiese mit Mähnutzung im Sommer dienen sollten. Insbesondere besteht auf feuchten Weideflächen erhöhte Verwurmungsgefahr (das Milieu begünstigt Parasitenvermehrung), weiter steigt durch Staunässe und gleichzeitige Beweidung sowohl die Bodenverdichtung als auch Versauerung des Bodens mit einer Veränderung der Grasnarbe hin zur minderwertige Moos-Grasfläche sowie zahlreichen Unkräutern einschließlich verschiedener Giftpflanzen wie z. B. Hahnenfuß.

Drainieren ist die wichtigste Maßnahme auf Ländereien, die zu stauender Nässe neigen und als Weide genutzt werden sollen. Es hat aber nur dann Sinn, wenn für das überschüssige Wasser ein kontinuierlicher Abfluss geschaffen werden kann. Über die bestehenden Möglichkeiten kann man sich bei den Gemeinden sowie regionalen Wasser- und Bodenverbänden informieren. Die Arbeiten führen ländliche Lohnunternehmer aus, von denen man sich zunächst einen Kostenvoranschlag geben lässt. Bei Weiden, die nur durch offene Gräben entwässert werden, hat die Staunässe manchmal ihre Ursache in verschlammten, zugewachsenen bestehenden alten Gräben, die so ihre Funktion gar nicht mehr erfüllen können. Das Öffnen solcher Gräben beeinflusst die Weidenutzung bereits günstig, auch wenn vielleicht noch zusätzlich drainiert werden muss. Hat solch ein Staunässe-Schaden aber schon viele Jahre bestanden mit den o. a. negativen Auswirkungen, so benötigt eine derartige Weide ebenfalls einige Jahre, ehe sie – unterstützt durch gute Pflege, überlegte Weideführung und Düngung – sich allmählich als Futtergrundlage bessern kann.

▶ Bevor man eine nasse Weide pachtet oder kauft, ist es gut, sehr gründlich zu prüfen, ob man nicht doch lieber die Finger davon lässt. Es kommt vor, dass dem ahnungslosen Laien für viel Geld eine aus Nutzungssicht hoffnungslose (ökologisch allerdings durchaus wertvolle) nicht trittsi-

Weidepflege

chere Feuchtwiese als Weide »angedreht« wird. Ist das Entwässerungssystem aber in Ordnung, so ist man als Pächter verpflichtet und tut als Eigentümer gut daran, die Gräben (sofern vorhanden) auszumähen und sie einmal im Jahr zur Herbstzeit zu entschlammen. Bei Drainagen ist darauf zu achten, dass die Röhren an der Einmündung in die Abzugsgräben offen sind und das überschüssige Wasser auch tatsächlich problemlos abfließen kann. In manchen Regionen werden diese wichtigen Pflegearbeiten von Wasser- und Bodenverbänden durchgeführt, die dazu entsprechende Beiträge erheben.

Überall wo zu den Weidenflächen auch Gräben, Teiche, Tümpel gehören, sind sie durchweg von sehr nützlichen Amphibienarten besiedelt. Werden nun Pflege- und Erdarbeiten (Entschlammen o. ä.) fällig, ist es ratsam, diese tunlichst dann zu erledigen, wenn weder der Winterschlaf noch die Laichzeit gestört oder gar Jungtiere vernichtet werden. Die günstigste Zeit für Pflege- und Erdarbeiten ist ab Mitte September bis Ende Oktober. Zusammenfassend sei nochmals betont: Nasse Weiden sind für jede Weidetierhaltung ungeeignet, wenn sich die Ursache nicht einwandfrei beseitigen lässt. Jede weitere Mühe, einschließlich der Düngung, wäre dann vergeblich.

■ *Total vernässte Grünlandflächen sind als Pferdeweide ungeeignet.*

Abschleppen

Das Abschleppen kann mit einer Spezial-Wiesen- und Weideschleppe, zum Beispiel der »Fella«-Weideschleppe, vorgenommen werden. Diese schmiegt sich jeder Bodenunebenheit an, hat ein erhebliches Eigengewicht und arbeitet quasi schabend – ohne die Grasnarbe zu verletzen. Man kann aber eine Weideschleppe auch einfach und billig improvisieren: Eine schwere (zwei oder dreiteilige) Ackeregge wird umgedreht, so dass die Zinken nach oben zeigen. Dann wird kräftiges Strauchwerk durch die Eggenfelder geschoben, welches während des Arbeitsvorganges die Weide kräftig »bürstet«. Durch diese Wirkung wird im zeitigen Frühjahr bei trockenem, frostfreiem Wetter und vor dem Austrieb der Gräser in der Weide altes, verfilztes Gras, manches Moos und Laub ausgerissen; auch die Maulwurfshaufen werden gleichmäßig auseinandergezogen, so dass später Mähmesser oder Sense darin nicht hängen bleiben und stumpf werden. Aus dem gleichen Grunde sammelt man in Handarbeit größere Steine und Äste

■ *Große Mengen Maulwurfshügel verderben die Grasnarbe und müssen im Frühjahr eingeebnet werden.*

im Frühjahr ab. Treibt jedoch das Gras bereits, so kann das Abschleppen Schaden anrichten. Mit diesen Arbeiten wird man bei größeren Flächen schon einen Landwirt oder den örtlichen Lohnunternehmer beauftragen müssen, wenn man nicht über einen geeigneten Traktor verfügt.

Bei kleineren Flächen bis zu zwei Morgen lässt sich das alles auch gut mit einem Rasentraktor, an den man eine kleiner dimensionierte Schleppe hängt, erledigen. Es empfiehlt sich dann aber, das Ausbreiten der Maulwurfshaufen mit der Harke separat manuell durchzuführen, da kleine Schleppen nur selten die nötige Kraft zur Ausbreitung größerer Erdhügel aufbringen.

Diese Arbeiten bezwecken, dass Licht und Luft überall an die Grasnarben herankönnen. Im Spätherbst wird man mit derselben improvisierten Weideschleppe die kompostbestreuten Flächen bearbeiten. Auf diese Weise wird der Kompost regelrecht »eingebürstet« und kommt dichter an den Boden bzw. Wurzelbereich der Pflanzen heran.

■ Im Frühjahr lohnt es sich, mit einer schweren Walze das Grünland zu glätten, um Winterschäden der Grasnarbe zu beseitigen.

Walzen

Wenn im Frühjahr mit keinen nennenswerten Frösten mehr zu rechnen und der Boden genügend abgetrocknet ist, wird gewalzt, um die vom Frost hochgefrorenen Pflanzen wieder fest mit dem Boden zu verbinden und den Boden zu ebnen. Nur so kann sich die Pflanze durch ihre Wurzeln genügend mit Wasser versorgen. Auf Moor und Anmoorböden, die vom Frost extrem gelockert wurden, ist die schwere Glattwalze immer einzusetzen. Auf allen anderen Böden entscheiden die Bodenverhältnisse über den Einsatz einer mehr oder weniger schweren Walze – oder ob das Walzen örtlich auch einmal ganz unterbleiben kann. Der Hobby-Pferdehalter wird vor Ort nicht ohne fachmännischen Rat auskommen. Da die Walzen extrem schwer und unhandlich sind sowie nur kurze Zeit im Jahr gebraucht werden, besitzen die meisten Landwirte heute keine eigenen Walzen mehr. Walzarbeiten werden oft nur noch von Lohnunternehmern durchgeführt, mit denen rechtzeitig ein Termin vereinbart werden muss.

Unart: Abbrennen

Gerade im ländlichen Bereich sollte das Abbrennen von Altgras und Gestrüpp unterbleiben. Gegen das »Gebot der Ehrfurcht vor dem Leben«, wonach zu keiner Jahreszeit Altgras und Gestrüpp abzubrennen ist, wird häufig gedankenlos verstoßen. Unzählige Kleinlebewesen, darunter auch Bodenbrüter und schutzsuchende Igel, werden durch Abbrennen bzw. durch Flämmen brutal vernichtet! Von einem wirklichen Nutzeffekt kann ohnehin nicht die Rede sein, weil lediglich die flacher wurzelnden Gräser und Kräuter betroffen werden, während die unerwünschten, meist robusteren, tiefwurzelnden (z. B. Queckengras) wieder durchkommen. Chemische Behandlungen sind ebenfalls von großem Übel. Mit sorgfältigen Weideführungs- und -pflegemaßnahmen erübrigen sich sowohl Abbrennen als auch der Einsatz von chemischen Spritzmitteln.

Weidepflege

Schutz vor Austrocknung

Wirksamen Schutz gegen Austrocknung sowohl durch Sonnenbrand wie durch Kahlfrost bewirkt das Abdecken der Weide. Sehr kahl gefressene Stellen sind besonders gefährdet. Man bedeckt die betreffenden Flächen per Hand oder Miststreuer mit einem gleichmäßig dünnen »Schleier« aus Altstroh; auch angerottetes Kartoffelkraut ist dazu geeignet sowie angerotteter Mist von Wiederkäuern (jedoch nicht solcher aus der Massentierhaltung wie z. B. Bullenmast usw.). Diese schützende Decke vergrößert außerdem die Oberfläche der Weide. Sie kann dadurch mehr Tau aufnehmen. Das ist vor allen Dingen im Sommer sehr wichtig. Der Tau tropft in die Grasnarbe bzw. in den Boden. So werden die Pflanzen besser mit der dringend notwendigen Feuchtigkeit versorgt. Nach Monaten wird von dieser Decke nichts mehr übrig sein, weil sie vom Bodenleben quasi verzehrt wurde. Es ist durchaus möglich, dass bereits das beim Reinigungsschnitt anfallende Altgras zum Abdecken der kritischen Stellen in der Weide genügt.

Künstliche Beregnung

Manch ein Pferdehalter mag in vergangenen trockenen Sommern, speziell im Jahr 2003, an eine künstliche Bewässerung seiner Weiden gedacht haben. Weiden stellen hohe Ansprüche an möglichst gleichmäßig verteilte Niederschläge. Das liegt daran, dass die Grasnarbe eine relativ flache Bewurzelung hat, die in der Hauptmasse sich etwa 5 bis 15 cm unter der Oberfläche befindet. Sobald der Boden in den oberen 20 cm zu trocken wird, wächst weniger Gras nach und das Wachstum gerät vollständig ins Stocken bis hin zum Verdorren – je länger eine Trockenperiode dauert. Das wirkt sich dann nachhaltig negativ aus: Es fehlt an Gras im Sommer und an Heu für den Winter. Eine künstliche Beregnung hat am meisten Erfolg, wenn sie vorbeugend geschieht. Die Gräser müssen jedenfalls bei Beginn der Beregnung noch hoch genug sein, um das Wasser daran zu hindern, den Boden zu verkrusten. Darum muss auch auf einer frisch gemähten Weide oder Wiese etwa zwei bis drei Wochen mit der Beregnung gewartet werden. Die Beregnung einer bereits vertrockneten Weide dagegen ist nahezu sinnlos.

Wasser aus dem öffentlichen Trinkwasserversorgungsnetz ist in den zur Bewässerung erforderlichen Mengen zu teuer und zu wertvoll (in Trockenzeiten wird möglicherweise gar die Entnahme verboten bzw. reglementiert). Teiche, Bachläufe und Grundwasser können billigeres Beregnungswasser liefern.

Durchschnittlich soll das Wasserbedürfnis einer leistungsstarken Weide bei einer natürlichen Regenmenge von rund 90 mm im Monatsmittel liegen. Wer große Erträge erzielen will, muss das monatliche Defizit durch künstliche Beregnung ausgleichen. Das geschieht am besten nachts, weil durch die höhere nächtliche Luftfeuchtigkeit die Verdunstung geringer und die Beregnung entsprechend wirkungsvoller ist.

Das Beregnungsgerät soll in fünf bis sechs Stunden nur rund 20 mm »regnen«, und zwar in feinster Tröpfchenform. Nur so kann sich das Wasser während des Fallens ausreichend auf Lufttemperatur erwärmen. Die Natur braucht für 20 mm Regen in der Regel 10 bis 15 Stunden. Während eines natürlichen Regens und danach ist die Luftfeuchtigkeit hoch; das Regenwasser kann nachhaltiger eindringen und die Verdunstungsverluste sind niedriger. Die künstliche Beregnung erfolgt jedoch in Zeiten größerer Trockenheit und relativ niedriger Luftfeuchtigkeit. Dadurch setzt gleich nach der Beregnung eine starke Verdunstung ein, und zwar umso stärker, je niedriger die Luftfeuchtigkeit und je höher die Temperatur ist. Daher die günstigere Beregnung nachts. Hier muss wiederum auf den sinnvollen Einsatz der Kompostdüngung und die große Bedeutung des aktiven Bodenlebens hingewiesen werden, welches in hohem Maße imstande ist, den Wurzelbereich zu vertiefen, die Wasserhaltekraft des Bodens zu erhöhen und die Grasnarbe resistenter gegen Dürre zu machen.

Außer der künstlichen Beregnung gibt es ein in Israel entwickeltes spezielles Verfahren. Es handelt sich um eine erprobt wirksame und äußerst sparsame Bewässerungstechnik mit (sehr preiswerten) Tropfschläuchen – nicht zu verwechseln mit Rieselschläuchen.

Nachsaat

Früher bevorzugte Methoden der Weideausbesserung mit normaler Drillmaschine (= Sämaschine) waren häufig nicht befriedigend. Seit einigen Jahren gibt es aber Spezialmaschinen für Weidenachsaaten. Deren Einsatz erfolgt in der Regel über Lohnunternehmer.

Sehr empfehlenswert sind Kombinationsgeräte mit Scheibendrillmaschine: Die Scheiben ziehen feine Schlitze in den Boden, dort fällt die Saat hinein und findet gute Keimbedingungen vor – passende Jahreszeit und genügend feuchte Witterung vorausgesetzt. Eine mit der Maschine verbundene Walze drückt im gleichen Arbeitsgang die Schlitze zu.

Ein Erfolg ist aber nur zu erwarten, wenn die Nachsaat in eine gleichmäßig sehr kurzgefressene bzw. nachgemähte Weide gebracht wird – nach Fortschaffen des abgemähten Grases. Bei Massenauftreten von Rasenschmiele (deschampsia cespitosa) oder Ampferarten (rumex crispus oder obtusifolius) ist wahrscheinlich Totalumbruch (Umpflügen oder eventuell Fräsen)

■ *Normale Traktor-Drillmaschine, mit der nachgesät wird.*

mit folgender kompletter Neuansaat unumgänglich.

Günstige Monate zur Nachsaat sind August bis Anfang September. Dann ist die Konkurrenz der alten Grasnarbe für die junge Saat geringer als im Mai/Juni, den Monaten mit maximalem Wachstum. In der Regel ist für die Nachsaat zusätzliche Düngung nötig, die jedoch abhängig ist von den Bodenanalysen.

Unkraut

Auf Pferdeweiden wächst nicht nur schmackhaftes Grünzeug, sondern auch so genanntes Unkraut. Was auf der einen Seite für den Grünlandbewirtschafter mit Pferden eine »Unkrautplage« sein kann, ist für den Milchviehhalter andererseits wiederum vorteilhaft. Wieso? Weil vieles abhängt von der Art der Weidenutzung und vom wertenden Standpunkt des Bewirtschafters. Zwar ist der Begriff »Unkraut« allgemein sehr gebräuchlich, dennoch ist er eigentlich nicht richtig gewählt: Die Bezeichnung ist nicht genau. Gemeint sind mit diesem »Kraut«-Begriff nämlich prinzipiell sämtliche Pflanzen der unterschiedlichen botanischen Gruppen (also nicht nur »Un«-Kräuter, sondern auch z. B. »Un«-Gräser und »Un«-Klee), die subjektiv im Einzelfall als nicht erwünscht gelten. Erwünscht sein oder nicht, ist also ent-

Weidepflege

■ *Erstes Blütenstadium des Sauerampfers, der zu den unerwünschten Pflanzen gehört.*

■ *Endblütenstadium des Sauerampfers, der spätestens jetzt tiefgründig auszugraben ist (Wurzeltiefe bis etwa 70 cm!).*

scheidend abhängig vom jeweiligen Standpunkt bzw. den Anforderungen der speziellen Nutzung. Massenhafter Weißklee wird z. B. auf Pferdeweiden zu »Unkraut«, weil er unerwünscht ist. Dies wegen des sehr hohen Eiweißgehaltes, der Rohfaserarmut und der dadurch drohenden Durchfallgefahr bei solchen Pferden, die Weißklee im Übermaß fressen. Entweder, weil er ihnen schmeckt oder weil sie ihn aus Grasmangel bei kurznarbigen Weiden nahezu ausschließlich fressen müssen. Auf Rindviehweiden hingegen ist Weißklee durchaus eine erwünschte Nutzpflanze, weil er willkommener, eiweißreicher Nährstofflieferant für Milchvieh ist. Ähnlich verhält es sich mit Feingras (Straußgras, Windhalm) oder manchem Kraut (u. a. Ferkelkraut, Sauerampfer, Stumpfblättriger Ampfer). Diese Pflanzen sind an sich nur in sehr großen Mengen für Pferde schädlich (u. a. kann Ferkelkraut zu Bewegungsstörungen führen, Ampferverzehr zu Schleimhautreizungen des Magen-Darm-Traktes durch die Oxalsäure). Insgesamt gesehen werden sie für Pferde aber immer als unverträglich qualifiziert. Dies, weil Feingräser (sie werden oft nicht genügend gekaut) z. B. kolik-/verstopfungsfördernd oder durchfallauslösend sind, aber in der Regel (anders als absolute Giftpflanzen) z. B. keine gravierenden Nieren- oder Leberschäden verursachen. Solche Pflanzen mit Unverträglichkeitscharakter zählen aus der Sicht des Pferdehalters deshalb zum speziellen »Pferdeweiden-Unkraut«.

»Unkräuter« verdrängen das schmackhafte Weidefutter und vermehren sich durch Fehlbewirtschaftung unökologisch massiv; sie sollten deshalb vorwiegend durch mechanische Weidepflege in Verbindung mit gekonnter Weideführung (= flächenangepasster geringer Besatz und rechtzeitiger Koppelwechsel) sowie eine dem Ertrag und Nährstoffentzug entsprechende primär ökologische Kompost-Düngung beseitigt werden. Bei aller Achtsamkeit sind Vergiftungen oder Unverträglichkeiten durch »Unkräuter« auf der Weide nie ganz auszuschließen, aber die Angst vor Vergiftungen ist erheblich größer als die konkrete Gefahr. Panik ist nicht angebracht, wenn ein Pferd einige Greiskrautpflanzen frisst, wohl aber, wenn extrem giftige Pflanzen »genascht« werden (z. B. Eibe oder Buchsbaum).

▸ Sinnvoll und umweltgerecht wirtschaftet, wer als Bewirtschafter nicht den artenarmen »Golfrasen« als Pferdeweide anstrebt, sondern gezielt einige »Unkräuter« (soweit sie nicht giftig sind) in überschaubaren Horsten (z. B. Brennnesseln oder Disteln) stehen lässt. Man sollte diese Horste schon früh einplanen und bereits im Frühjahr von jeder Düngung ausnehmen, da z. B. stickstoffgetriebene Brennnesseln für Schmetterlingsraupen unattraktiv sind, weil sie nur die ungedüngten »Kümmerformen« der Brennnessel bevorzugen. Diese »Unkräuter« sind für Insekten oft einzige und damit lebenswichtige Entwicklungsräume (z. B. für manche Falter). So unterstützt man durch eine überlegt bewirtschaftete Pferdeweide – trotz Ausmerzens des überwiegenden Unkrautanteils – parallel dazu und ohne Schaden für die Vierbeiner den wichtigen Erhalt der Artenvielfalt.

Man halte sich vor Augen, dass beispielsweise bunte Falter wie »Admiral« oder »Distelfalter« (siehe Foto) extra aus Südeuropa oder Afrika zur Vermehrung zu uns fliegen (und hier später absterben). Interessant ist, dass die hier sich aus den Raupen entwickelnden Schmetterlinge dann im Spätsommer instinktiv weit mehr als 2.000 km in den Süden fliegen, um dort zu überwintern (obwohl sie die Strecke gar nicht kennen, sich also insofern von den saisonal hin- und herfliegenden Zugvögeln gravierend unterscheiden).

■ Auf artenreichen Wiesen und Weiden finden sich viele Falter wie z. B. der hier abgebildete Distelfalter.

▸ Im Zusammenhang mit Brennnesseln taucht häufig die Frage auf, warum diese »brennen« und von Pferden im frischen Zustand verschmäht werden. Das liegt an der Schutzstrategie dieser Pflanze. Die gesamte Brennnessel ist nämlich mit feinen Haaren übersät, die es »in sich haben«.

Die so genannten Brennhaare bestehen aus einem mehrzelligen Sockel und einer Haarzelle. Diese wiederum hat mehrere Abschnitte; der untere elastische Teil wird Bulbus genannt, er enthält den Brennsaft. An seinem oberen Ende läuft das hohle Haar spitz aus und endet in einer seitlich angesetzten winzigen Kugel. An der Übergangsstelle ist die Zellwand erheblich dünner als in den übrigen Abschnitten. Einlagerungen von Kalk und Kieselsäure machen sie zudem spröde. Darum bricht das Köpfchen schon bei leichter Berührung ab und hinterlässt an der Bruchstelle eine Spitze, die einer Injektionsnadel gleicht. Das Mittelstück des Brennhaares dringt wie eine Kanüle senkrecht in die Haut ein. Durch den Druck auf den Bulbus wird der Zellsaft ausgepresst und in die Haut injiziert. Der Zellsaft ist eine Mischung aus Ameisensäure, Serotonin, Histamin, Acetylcholin und Natriumformiat; er bewirkt das typische Brennen und die Bildung von Quaddeln.

Ein zehntausendstel Milligramm dieses Zellsaftes reicht aus, um die Wirkung zu erzielen. Es ist übrigens eine Mär, dass diese Wirkung nicht eintritt, wenn man zum Zeitpunkt der Berührung die Luft anhält. Es brennt mit und ohne Atem anzuhalten! Pferde meiden wegen ihrer empfindlichen Maulpartie frische Brennnesseln (nachdem sie als Fohlen die Wirkungsweise durch Knabberversuche erlernt haben), verzehren aber solche im getrockneten Zustand sehr gerne.

Weidepflege

■ Giftpflanze Herbstzeitlose, die immer durch Ausstechen ausgemerzt werden muss, da sie frisch und im Grünfutterkonservat (Heu, Heulage) sehr stark giftig wirkt (u. a. leberschädigend).

■ Giftpflanze Greiskraut/Kreuzkraut, die sich bereits in Großbritannien enorm verbreitet hat und auch auf dem Kontinent auf dem Vormarsch ist; sie ist sowohl frisch als auch im Grünfutterkonservat giftig und muss immer durch Ausstechen beseitigt werden.

Giftpflanzen

Zum generellen oder so genannten obligatorischen »Unkraut« zählen alle nachweislich giftigen Pflanzen, wobei die Schwere der Giftigkeit sicher noch eine wichtige graduelle Rolle spielt.

▶ Wichtig: Wenig bekannt ist, dass gesunde Pferde – ebenso wie Schafe und Rinder – durchaus begrenzte Mengen einiger verbreiteter pflanzlicher Gifte ohne Schaden zu nehmen verdauen können. Um zu überleben und nicht gleich bei geringeren Gift-Dosen zu sterben, sind sie darauf als Weidetiere von Natur aus eingestellt.
Anders als Menschen verfügen Pflanzenfresser über ganz erhebliche Mikroorganismen-Kulturen, z. B. in ihrem Dickdarm, der als »Gärkammer« konstruiert ist und Gifte teils unschädlich abbaut.
Auch durch unterschiedliche Enzym-Systeme werden Giftstoffe bei Tieren oft schneller und unschädlicher abgebaut als beim Menschen. Während auf der Pferdeweide kleine Plätze (bis zu zwei Prozent der Fläche) mit mehr oder weniger stark giftigen Hahnenfußarten noch kein ernstes Problem darstellen, sind z. B. Weiden mit nur geringem Bewuchs von stark giftigen Herbstzeitlosen und Greiskrautarten, aber auch mit dem (heute eher seltenen und auch geschützten) giftigen Adonisröschen immer eine latent vorhandene ernste Gefahr für Pferde und auch für andere Weidetiere.
Vor allem im Heu werden solche Giftpflanzen, die ihre Giftwirkung nur selten durch Trocknung verlieren, stets gefressen. Das resultiert daher, weil sich die Frischpflanze in Form, Duft und Geschmack vom (wasserarmen) Konservat erheblich unterscheidet. Durch diese Veränderung ist eine – für Frischpflanzen vom Pferd während des Weidegangs erlernte – gestaltliche, geruchliche und geschmackliche Selektion im Heu nahezu unmöglich. Lediglich Hahnenfuß verliert den weitaus größten Teil seiner Giftigkeit durch Trocknung (= Konservierung zu Heu).

▶ Wichtig: In Silage ist die Giftigkeit von Hahnenfuß demgegenüber nicht ganz aufgehoben, da Silage nicht den Trocknungsgrad des Heus erreicht! Giftpflanzen, die man sich merken sollte, sind in der Tabelle im Anhang aufgeführt (siehe Seite 136 f.).

Neuansaat

Umbruchproblematik

Die Neuansaat einer Pferdeweide kommt hauptsächlich dann in Frage, wenn vielleicht außer einem geeigneten Acker keine (oder zu wenig) Weideflächen vorhanden sind. Zum Bearbeiten und Säen der vorgesehenen Fläche wendet sich der Hobby-Pferdehalter und Nichtlandwirt am besten an einen Landwirt oder einen Lohnunternehmer, der diese Arbeiten gegen Bezahlung fachgerecht ausführen kann.

Günstige Monate für Neuansaaten sind Mai, August und September. Der Monat September aber mit Einschränkung für Gebiete mit früh einsetzenden winterlichen Bedingungen. Ansaaten im Juni und Juli können auch gelingen, doch sind sie einerseits gefährdet durch Trockenheit (Juni), andererseits durch heftige Gewittergüsse mit hohen Wassermengen, welche die junge Saat verschlemmen. Es ist vielfach unbekannt, dass nach langjährigen Messungen der Juli in Mitteleuropa der regenreichste Monat ist!

Ein Umbruch vorhandener, wenn auch heruntergewirtschafteter alter Dauerweiden sollte (mit Ausnahme ganz extremer Fälle) nach Möglichkeit immer vermieden werden. Richtige Bewirtschaftung ist imstande, eine verkommene Weide wieder gesund zu machen, wenn man etwas Geduld und genügend Arbeitsfreude mitbringt! Alte Weiden haben nach Sanierung einen sechs- bis achtmal größeren Artenreichtum an Kultur- und Wildgräsern, Kleearten und Kräutern als Neuansaaten – und gerade dies macht den Wert einer gepflegten alten Weide aus.

Konventionelle Direktsaat

In der konventioneller Landwirtschaft für Pferde haltende Betriebe mit geringer Flächenausstattung wird die Direktsaat ohne tiefere Bodenbearbeitung (also kein Umbruch) heute überwiegend empfohlen und allgemein bevorzugt. Dabei wird allerdings (was aus biologischer Bewirtschaftungssicht abzulehnen ist) vorbereitend der 10 bis 15 cm hohe Altgras- und Krautbestand im Sommer mit einem Totalherbizid (Glyphosat – ist z. B. in Round up® der einzige Wirkstoff) abgespritzt. 10 bis 14 Tage nach dem Abspritzen wird dann mit einer Schlitzdrillmaschine (Scheibensech oder Messerkufe) das Saatgut direkt in die Altnarbe eingebracht. In jedem Maschinenring finden sich Betriebe mit der Schlitzdrill-Technik, auch Lohnbetriebe besitzen diese Maschinen. Die Neuanlage-Kosten können durch das Verfahren Direktsaat auf 150,00 bis 180,00 Euro je Hektar begrenzt werden,

■ *Reihen-Einsaat mit einer so genannten Drillmaschine.*

Neuansaat

■ *Aufwuchs einer neu eingesäten Weide nach zwei Wochen feuchter Frühjahrswitterung.*

während eine Neuanlage mit Bodenbearbeitung (Totalfräsen oder Umbruch) deutlich aufwändiger und kostenträchtiger ist (zirka 350,00 bis 400,00 Euro je Hektar). Ein Vorteil der Direktsaaten besteht in dem Erhalt der Altnarbe, die nicht mechanisch gebrochen wird. Dadurch bleibt die Trittfestigkeit weitgehend erhalten und es besteht ein Feuchtigkeitsschutz bei nachfolgend ausbleibenden Niederschlägen.

Biologische Direktsaat

Ohne Umbruch durch Pflügen kann bei einer herunter gewirtschafteten, lückigen und total verkrauteten Weide wie folgt vorgegangen werden: Vorbereitend wird der Altbestand mit einem Trommel- oder Scheibenmähwerk scharf bodentief ausgemäht. War der Bestand sehr stark verkrautet und dazu noch hochgewachsen, dann muss das Mähgut immer sofort z. B. mit einem Schwadergerät gesammelt und z. B. mit einem Pick-up-Erntewagen abgefahren werden, da es sonst die spätere Ansaat ersticken könnte (bei kleineren Flächen bis zu einem Morgen kann das auch in Handarbeit erledigt werden). Anschließend wird der Boden mit Traktor und Fräse nur aufgefräst, um danach in einem weiteren Arbeitsgang mit der Drillmaschine sowie einer angehängten Spezial-Walze das Saatgut einzubringen und mit dem Boden zu verbinden. Bei weitgehend lückigen Altbeständen und gleichzeitig günstigen Boden- und Witterungsbedingungen zum Zeitpunkt der Ansaat (= z. B. lockerer Sandboden und genügend Restfeuchte durch eine vorangegangene Regenperiode) kann auf den Arbeitsgang Totalfräsen eventuell verzichtet werden und mit der Schlitzdrillmaschine gleich in die abgemähte Altnarbe gesät werden.

Die Ergebnisse sind in der Regel zunächst einmal nicht so überzeugend wie bei konventioneller Vorgehensweise, denn es ist beim biologischen Verfahren keine »Totspritzung« vorgenommen worden, weshalb ein unvermeidliches Quantum unerwünschter Pflanzen wieder auftaucht. Aber: Das Bodenleben ist weitgehend geschont worden, womit auf Dauer der Ertrag gesichert wird und auch die Hungerjahre (siehe dazu die Ausführungen auf Seite 71) sich vermindert auswirken. In jedem Fall muss später dann bei trockener Witterung und guter Befahrbarkeit das so genannte Unkrautköpfen als Arbeitsgang zur Eindämmung unerwünschter Pflanzen erfolgen (siehe Ausführungen auf Seite 70).

Zu beachten ist der richtige Zeitpunkt für das »Unkrautköpfen«: Wenn das Gras 10 bis 15 cm hoch ist und vom Unkraut fünf bis zehn Zentimeter überwuchert wird, mäht man. Kommt man zu spät, ergibt das Unkraut zu große Massen, die man nicht ohne Schaden für den Aufwuchs liegen lassen kann, weil sie das junge Gras ersticken würden. Man würde sich bei verspätetem »Unkrautköpfen« unnötige Mehrarbeit durch Absammeln und Abfahren aufbürden.

Außerdem haben sich dann einige Unkräuter bereits durch Aussamung weiter vermehrt.

Saatgut

Wird die Neuansaat einer Pferdeweide erforderlich, sollte die Ansaatmischung besonders reich an Untergräsern sein, da diese bei Verbiss durch Pferde dichte Grasnarben ausbilden. Empfehlenswert sind die in den Tabellen auf Seite 68 f. genannten Standardmischungen (man beachte die Fußnoten dazu!). Die Mischungen der Tabelle auf Seite 69 wurden von der Arbeitsgemeinschaft der Norddeutschen Landwirtschaftskammern für verschiedene Standort- und Nutzungsansprüche entwickelt. Für die genannten Mischungen wird eine Aussaatstärke von 30 bis 40 kg je Hektar (= vier Morgen = 10.000 qm) empfohlen. Die im Landhandel primär angebotenen Weidemischungen sind in erster Linie im Hinblick auf die Ansprüche von Milchkühen zusammengestellt und enthalten meistens für Pferde prozentual zu viel Klee, auch fehlt eine Beimischung von Kräutern. Es ist daher ratsam, sich eine spezielle Pferdeweidensaatmischung zu beschaffen. Die Tabelle auf Seite 68 enthält ein entsprechendes Mischungsbeispiel für den norddeutschen Raum. Das kann als Anhalt für die Abstimmung auf andere Gegenden gelten. Man kann Saatgut im Versandhandel oder im örtlichen Landhandel (Raiffeisen usw.) beziehen.

■ *Handelsübliche Weidesaatmischungen (z. B. Standard G III – ohne Klee) kosten per 10 kg ca. 25 Euro.*

■ *Herbizidspritzungen sollten insbesondere bei Pferdeweiden unterbleiben.*

Neuansaat

PFERDEWEIDEN BEISPIEL-SAATGUT MIT SORTENANGABE*

Handelsbezeichnung	Mischung	Bemerkungen
Pferdeweide Universal (früher OPTIMA C)	25 % Lieschgras PHLEWIOLA 20 % Wiesenrispe OXFORD 15 % Deutsches Weidelgras MARIKA 15 % Deutsches Weidelgras TOLEDO 15 % Deutsches Weidelgras LIMES 10 % Rotschwingel ROLAND 21	Bewährte Mischung für Weide sowie Mähnutzung für Heu oder Silage. Für alle Böden geeignet. Aussaatmenge je Hektar (AM) 35 kg; Verpackungseinheit (VE) 10 kg.
Pferdeweide Spezial (für hohe Belastung)	30 % Deutsches Weidelgras TOLEDO 20 % Deutsches Weidelgras MARABELLA 25 % Lieschgras PHLEWIOLA 15 % Wiesenrispe CONNI 10 % Rotschwingel ROLAND 21	Für stark strapazierte Weiden und Trampelkoppeln. Mit Futtersorten und einem hohen Anteil von Rasensorten aus dem Sportrasenbereich mit Eignung für höhere Trittfestigkeit und starken Verbiss. AM 40 kg; VE 10 kg.
Pferdeweide Nachsaat	30 % Deutsches Weidelgras MARABELLA 30 % Deutsches Weidelgras TOLEDO 25 % Deutsches Weidelgras MARIKA 15 % Lieschgras PHLEWIOLA	Eine rechtzeitige Nach- oder Übersaat mit wertvollen Gräsern, z.T. aus dem Sportrasenbereich, ist bei nachlassenden Narben eine preiswerte Möglichkeit zur Erhaltung der Weide. Übersaat: Mehrfach jährlich. Ausbringung mit Schleuderstreuer im Gemisch mit Sand/Mineraldünger. Nachsaat/Durchsaat: In die kurze Altnarbe mit Schlitzdrille oder ähnlichen Geräten. AM 25 kg; VE 10 kg.
Kräutermischung	19 % Kümmel 18 % Petersilie 18 % Gemeiner Fenchel 10 % Gemeine Pastinake 10 % Wegwarte 8 % Gemeine Schafgarbe 8 % Spitzwegerich 5 % Bibernelle 2 % Wilde Möhren 1 % Gemeines Labkraut 1 % Wiesenkerbel	Diese Mischung mit ausgewählten Kräutern kann zusätzlich zu den o. g. Pferdeweidemischungen zur Erhöhung der Schmackhaftigkeit und Verbesserung der Tiergesundheit hinzugefügt werden. Die Ansaat mit Kräutern stellt wegen der feinen Samen hohe Ansprüche an die Bodenbearbeitung. AM 1,3 kg; VE 1 kg. Aussaatzeit: Die Aussaat kann von März bis September erfolgen. Günstigste Termine sind März/April oder Juli/August.

* Es handelt sich hier beispielhaft um Saatmischungen, die von der Firma Herbert Ströh GmbH & Co. KG, Duvenstedter Triftweg 74, 22397 Hamburg, Telefon.: 040-607668-20, vertrieben werden – damit ist keine hervorgehobene Bewertung verbunden; ähnliches Saatgut liefert der Landhandel (z. B. Standard-Dauerweidesaatgut Typ G III – ohne Klee, siehe folgende Tabelle).

Saatgut

STANDARD-ANSAATMISCHUNGEN*

	Qualitätsstandard – Mischungen für Grünland				
Bezeichnung	**A 2**	**G I**	**G II o**	**G III o**	**G V**
Einsatzempfehlung	Einjährige Nutzung	frisch feucht	Alle Standorte	Bessere Standorte	Nachsaaten
	Frühjahrsansaat	extensive Nutzung	Mähweide	intensive Nutzung	
Art		**Gewichtsanteil in %**			
Einjähriges Weidelgras	33				
Welsches Weidelgras	67				
Deutsches Weidelgras					
Reifegruppe:					
früh		3	13	20	30
mittel		3	20	26	30
spät		4	20	27	40
Wiesenrispe		10	10	10	-
Rotschwingel		10	-	-	-
Wiesenlischgras		17	17	17	-
Wiesenschwingel		47	20	-	-
Weißklee		6			
Aussaatstärke kg/ha	45	30–40	30–40	30–40	10–20

* Diese Mischungen werden durchweg von Raiffeisenmärkten angeboten.

ERLÄUTERUNGEN ZU DEN EINZELNEN MISCHUNGEN

Qualitätsstandard A 2: Grasmischung für die Frühjahrsaussaat, vornehmlich zur Schnittnutzung mit drei bis vier Schnitten, nicht winterfest.

Qualitätsstandard G I: Kleehaltige Mischung für frische bis mäßig feuchte Standorte mit mittlerer bis extensiver Bewirtschaftung bei vorwiegender Mähnutzung. Besonders geeignet für stark frost- und schneeschimmelgefährdete Lagen (Moore, raue Höhenlagen).

Qualitätsstandard G II: Kleehaltige Mähweidemischung für klimatisch günstigere Lagen. Große Anpassungsfähigkeit, auch für ungünstige Lagen (Mittelgebirge, Moore) mit intensiverer Bewirtschaftung geeignet.

Qualitätsstandard G III: Kleehaltige Mischung für Weidelgras sichere Standorte mit hoher Nutzungsfrequenz bei überwiegender Beweidung. Auch für Wechselgrünland geeignet.

Qualitätsstandard G II o / G III o: Varianten von G II bzw. G III ohne Weißklee. Der entfallende Weißkleeanteil wird durch jeweils 3 % Deutsches Weidelgras der mittleren und späten (G II o) bzw. 6 % der mittleren (G III o) Reifegruppe ersetzt.

Neuansaat

■ *Als Gräser sind für Pferde weniger die modernen Sorten des Deutschen Weidelgrases geeignet als vielmehr rohfaserstarke (= an sich weniger schmackhafte!) Aufwüchse, z. B. mit dem hier abgebildeten Knäuelgras.*

Der Kräuteranteil in der Gesamtansaatmischung kann etwa zehn Prozent betragen. Wertvolle Kräuter im Futter erhöhen den Kalkgehalt und den Gehalt anderer wichtiger Mineralien und Spurenelemente. Sie haben in erster Linie einen hohen diätetischen Wert. Genannt seien hier beispielsweise: Wiesenkümmel, Schafgarbe, Löwenzahn, Kleiner Wiesenknopf, Wilde Möhre und Wildpetersilie. Auch eine optimal zusammengestellte Neuansaatmischung garantiert keinesfalls, dass dieses Verhältnis etwa unverändert erhalten bleibt. Die weitere Formung des Pflanzenbestandes und das Verhältnis der Arten zueinander hängt in den folgenden Jahren überwiegend von der Bewirtschaftung und Pflege der Weide ab!
Unerwünschte Kräuter in den Weiden sind zum Beispiel Hahnenfuß, Ampfer, Bärenklau, Wiesenkerbel, Sumpfdotterblumen, Herbstzeitlose, Sumpfschachtelhalm. Diese sind alle mehr oder weniger giftig (siehe auch Tabellen im Anhang auf Seite 136 f.). Starkes Auftreten von »Unkräutern« in großflächigen Horsten zeigt an, dass es an den geeigneten Maßnahmen der Weidedüngung, -führung und -pflege gefehlt hat. Das übermäßige Aufbringen von Jauche und Gülle bewirkt bei Wiesen und Weiden eine Überdüngung mit Stickstoff und Kali: Bärenklau, Wiesenkerbel, Ampferarten treten dann in Massen auf – letztlich zum Schaden der Weidetiere. Margeriten wuchern, wo der Boden völlig verarmt ist; Hahnenfuß und Sumpfdotterblumen, wo Drainagen notwendig wären oder wo Gräben zugewachsen sind.

Bei Neuansaaten von Weiden ist es fast die Regel, dass mit dem jungen Gras gleichzeitig auch Mengen unerwünschter Pflanzen prächtig sprießen, die das Gras durch Überwachsen zu ersticken drohen. Bei konventioneller Wirtschaftsweise wird dann oft mit Herbiziden gespritzt, doch sollte man dies als Pferdehalter auf keinen Fall tun, denn man weiß inzwischen, wie nachteilig sich Herbizide auf lebende Organismen auswirken können. Es gibt eine sehr einfache und keineswegs teure Methode, das Unkraut zu vernichten: Größere Flächen werden mit Traktor und Mähwerk »geköpft«. Dabei werden mit dem etwas höher als beim Wiesenmähen eingestellten Mähwerk vorwiegend die Blütenstände der Unkräuter abgemäht, bleiben liegen und vertrocknen. So können sie keine reifen Samen ausbilden und sich nicht vermehren. Vom Gras werden lediglich die Spitzen erfasst. Es bekommt jetzt Licht und Luft und kann zügig weiter wachsen.

Bei ungewöhnlich hohem Unkrautwuchs muss alles entsprechend wiederholt werden, sobald die Kräuter nochmals das Gras überwachsen. Kleine Flächen mäht man mit dem Rasentraktor auf höchster Schnitthöhen-Stufe (vorzugsweise mit Aufsammelbehälter). Auf sehr kleinen, steilen oder verwinkelten Flächen macht man das alles mit der Sense, was schneller und leichter geht, als man vielfach befürchtet.

▶ Der Ungeübte sollte sich allerdings die Sensenhandhabung und das richtige Schärfen und Dengeln zeigen lassen, dabei vor-

Schonjahr · Hungerjahre

sichtshalber zunächst immer einen Schienbeinschutz tragen, um sich beim Sensen nicht zu verletzen. Sensen werden übrigens niemals mit dem Schneidwerk (trägt bei Nichtgebrauch immer einen Schutz aus Kunststoff!) nach unten abgestellt, sondern stets mit dem Stiel nach unten; auch ist Befestigung abgestellter Sensen unbedingt geboten, damit weder Menschen noch Tiere zu Schaden durch umstürzende Sensen kommen.

Schonjahr

Im Jahr nach der Ansaat sollte die junge Grasnarbe nur ausnahmsweise und dann auch nur sehr kurzzeitig, besser aber überhaupt nicht von Pferden oder Schafen betreten werden! Das kann nämlich (vor allem bei stärkerer Bodenfeuchte oder aber großer Trockenheit) eine unzumutbare zusätzliche Belastung zu den bereits vorhandenen Startproblemen für die junge Grasnarbe bedeuten.
Durch keine andere Maßnahme zu übertreffen ist aber das Beweiden der neuen Grasnarbe mit Rindern – sobald das Gras hoch genug aufgewachsen ist (mit anschließendem Nachmähen).
Wenn keine Rinder aufgetrieben werden können und die Witterungsbedingungen eine kurze Über-Beweidung durch Pferde verbieten, muss schonend gemäht und konserviert werden. So hat man dann von der neu eingesäten Fläche Heu oder Heulage für den Winter. Falls man die Wahl hat, sollte (generell auf Weiden) zur Vermeidung hohen Bodendrucks nur mit leichtem Gerät gearbeitet werden.
Das Befahren mit schweren Traktoren ohne Breitreifen bringt (zumal bei etwas feuchten Böden) unschöne Spuren und Bodenverdichtung mit sich, was später unweigerlich Staunässe mit Vermoosung begünstigt.

Hungerjahre

Auf einer neu angesäten Weide hat man in den ersten Jahren beeindruckend üppiges Futter. Aber das täuscht: In den folgenden Jahren sinkt der Ertrag; es bilden sich kahle Stellen, die u. a. mit Moosen und Gänseblümchen, besonders nach Trockenzeiten, besiedelt werden – auch bei sorgfältiger Auswahl der Saatmischungen. Dieser Verlauf der Entwicklung, genannt »Hungerjahre«, lässt sich nie ganz vermeiden. Wohl aber kann der Hungerzustand mit Kompostdüngung bedeutend gemildert werden, was vergleichsweise mit starken Mineraldüngergaben nicht zu bewirken ist. Die Hauptursache für diese Hungerjahre ist die weitgehende Zerstörung des Bodenlebens durch das Umbrechen des Bodens. In konventionell bewirtschafteten Ackerböden ist das Bodenleben infolge der üblichen Mineraldüngergaben meistens ohnehin schon gering. Der Boden neigt nun zur Verhärtung, dadurch entsteht eine Verminderung des Porenvolumens mit Abnahme des Wasserhaltevermögens. Anfälligkeiten für Dürreschäden und Versauerung sind die Folge.
Die Zerstörung des Bodenlebens schließt auch die weitgehende Vernichtung der Regenwürmer und Enchytreen (winzig kleine weiße Würmer) mit ein. Obwohl die Gesamtelemente im Boden vorhanden sind, fehlt jetzt weitgehend das Bodenleben, um die Nährstoffe in die für Pflanzen aufnehmbaren Bodenelemente (Mineralien und Spurenelemente) ausreichend aufzubereiten. Die Pflanzen werden übergangsweise nur unvollkommen ernährt! Was nicht immer unbedingt äußerlich sofort sichtbar sein muss. Das bewirkt nun wiederum mögliche Mangelerscheinungen bei den Weidetieren. Darum ist auch das so genannte »Ley-Farming«, die Feld-Kleegrasweide (nicht allein wegen ihrer Artenarmut) für eine naturnahe Pferdehaltung ungeeignet.

▸ Standorteinflüsse

Unter den Klima-, Boden-, Oberflächen- und Bewuchsgegebenheiten gibt es Kombinationen, die für Pferdeweiden ideale, gute, mäßige oder auch ungeeignete Lebensbedingungen schaffen (siehe Tabelle Seite 73). Boden und Bewuchs werden besonders stark durch die Bewirtschaftung seitens des Menschen positiv oder negativ beeinflusst – so etwa durch Anpflanzung, Abholzung, Düngung, Weideführung und -pflege sowie die unterschiedlichen Gewohnheiten der Weidetierarten (Pferd, Rind, Schaf, Schwein).

▸ Weiden, die an vielbefahrene Straßen grenzen, sollte man weder kaufen noch pachten. Es ist bekannt, dass giftige Auspuffgase (besonders Rußpartikel aus Dieselmotoren) und sonstige Schadstoffe und Stäube sich weit ins Gelände hinein ausbreiten, nachweislich 50 bis 70 m landeinwärts. Entsprechend vermeide man die Heugewinnung oder den Ankauf von Raufutter solcher Flächen.
▸ Sonnige, windbestrichene, trockene, das heißt, nicht staunasse und nicht zu regenreiche Lagen auf sandigem Lehm oder lehmigem Sand sind für Pferde ideal.
▸ Weniger ebenes Gelände erhöht die Trittsicherheit und Geschicklichkeit.
▸ Große Flächen geben viel Bewegungsanreiz und trainieren den Körper in jeder Weise; besonders erforderlich für die Aufzucht von Jungtieren!
▸ Wenig Wind und Sonne, hohe Niederschlagsmengen und enge Tal-Lagen ergeben äußerst ungünstige Lebensbedingungen; ähnlich auch ganz von dichtem Wald umstandene Sommerweiden und dadurch entstehend große Bremsenplage.
▸ Problematisch sind vielfach Pferdeweiden an Fußgängerwegen oder in der Nähe von Kindergärten und Schulen, wenn hier unbeaufsichtigt »Schabernack« getrieben oder unkontrolliert (sicher oft subjektiv gutwillig) alles an überzähligen Broten (mit Plastikverpackungsmüll) »entsorgt« und damit unüberlegt gefüttert wird.
▸ Fragwürdig können auch Obstbaum-Weiden (»Streuobstwiesen«) werden, wenn die Bäume so groß sind, dass die Kronen im Sommer ein fast zusammenhängendes Schattendach bilden und das Gras dadurch zu wenig Sonne erhält. Denn die für Pferde und andere Weidetiere bekömmlichen »Süß«-Gräser, Kräuter und Kleearten sind ausgesprochen sonnenbedürftig! Sie können nur mit ausreichender Sonnenbestrahlung (nebst allen anderen beschriebenen Maßnahmen der Weidewirtschaft) ihre optimalen Inhaltsstoffe entwickeln. Eine mehr oder weniger stark beschattete Weide stellt für Pferde (auch für Shetlandponys) keine geeignete Futterbasis dar. Die Pachtpreise für solche Flächen sind äußerst gering (manchmal nur 25 Euro je Jahr und Morgen), weshalb speziell in Mittelgebirgs- oder Dorflagen Pferdeleute gerne darauf zurückgreifen. Wenn man nur solche Flächen hat, muss immer zugefüttert werden (vor allem Vitamin- und Mineralmischungen). Sollten auf solchen Flächen für die Obstbaumspritzungen chemische Pflanzenschutzgifte einge-

Standorteinflüsse

setzt werden, besteht für Weidetiere (trotz häufiger gegenteiliger Behauptungen) eine nicht zu unterschätzende gesundheitliche Gefahr, weil schon die Dosierungsanleitungen der Hersteller nur zu oft nicht eingehalten werden. Können Spritzungen (z. B. bei Pachtland, das der Eigentümer durch Obsternte mit bewirtschaftet) nicht unterbleiben, so sollte auf jeden Fall auf biologische und gleichzeitig auch nachweislich für Bienen ungiftige Spritzmittel Wert gelegt werden. Das muss man gleich bei Pachtvereinbarungen schriftlich niederlegen, um spätere Auseinandersetzungen zu verhüten. Andernfalls meide man derartige »Weiden« völlig, weil sie dann gar nicht als solche bezeichnet werden können. Schon das unvermeidliche Fallobst kann im Spätsommer auf solchen Flächen ebenfalls zum großen Problem werden. Speziell Birnen in jedem Stadium sowie unreife oder angefaulte Äpfel und Pflaumen bedeuten erhöhte Kolikgefahr. Überhaupt sollte man zu große Mengen (selbst einwandfreier Äpfel) nicht verfüttern. Die Mengen müssen kontrollierbar bleiben, wenn sie als Delikatesse gesund wirken sollen (ein bis zwei Kilo Äpfel reichen am Tag für einen Warmblüter aus). Während der Wespenzeit kann es durch Fallobst zu Stichen ins Maul bzw. in den

■ *Weißklee ist schmackhaftes Futter; bei zu kurzer Grasnarbe vermehrt er sich rapide, das ist für Pferdeweiden sehr ungünstig (= Durchfallgefahr!).*

Rachen der Pferde kommen. Die Wespen sitzen oft tief im Fallobst und gelangen auf diese Weise ins Maul. Jeder Stich in die empfindliche Schleimhautregion bedeutet akute Lebensgefahr für das Pferd!
Wenn diese Obstbaumweiden nicht gemieden werden können, lässt es sich vielleicht einrichten, dass etwas mehr Lichteinfall dadurch geschaffen wird, indem ältere, weniger wertvolle Bäume abgeholzt werden. Die verbleibenden guten Bäume schützt man mit einem Gatter oder Drahtgeflechten.
Als Kompromiss könnte während der Fallobst- und Wespenzeit aus Sicherheitsgründen besser das Gras gemäht und den Pferden im Auslauf oder Stall als Schnittgut vorgelegt werden. Dazu ist es gut, wenn ein gepflasterter oder betonierter Futtertisch vorhanden ist.

STANDORTFAKTOREN

Art	Faktor
Klima	Luftbewegung (Wind), Licht (sonnenreich/-arm), Temperaturen, Niederschläge, Luftfeuchtigkeit
Boden	Sand, Anmoor, Moor, Marsch, Ton, lehmiger Sand, Sand, Gesteinsverwitterungsböden usw.
Oberflächengestalt	Berge unterschiedlicher Form, Struktur und Höhe, Hügelland, Ebenen, Tal-Lagen (eng, weit)
Bewuchs	Pflanzenbestand der Weide, Bewuchs der Umgebung: Wälder, Gehölze, Hecken

▶ Ernte

Vorratsbedarf

Während der Wachstumszeit im Sommer (möglichst während der Zeit des Grasbergs; siehe hierzu die Ausführungen auf Seite 55) muss für den Winter Grünfutter konserviert werden. Üblich sind zwei Konservierungsarten, nämlich:
- ▶ Starke Trocknung (= Heu) oder
- ▶ Teiltrocknung, d. h. Silierung unter Luftabschluss (= Silage/Heulage) des Grünfutters. Für die Winterfutterzeit rechnet man mit mindestens 180 Tagen der Zufütterung, besser mit 220 Tagen, denn so können auch Trockenzeiten des folgenden Sommers u. U. durch Zufütterung überbrückt werden.

Die Bevorratungsmenge hängt von der Pferderasse, der Haltungsform, der Nutzungsintensität und den übrigen Futterkomponenten ab. Man rechne nie zu knapp, denn in nicht vorhersehbaren, sehr kalten Wintern ist beispielsweise bei Offenstallhaltung immer reichlicher Raufutterverzehr erforderlich. Nach den Feststellungen von Ingolf Bender (Praxishandbuch Pferdefütterung, Stuttgart 2000) sind (für das Wohlbefinden bei Frost) wichtige durch Raufutterzulagen wärmende bakterielle Verdauungsprozesse im Dickdarm des Pferdes nicht durch Kraftfutter zu erzielen oder gar zu ersetzen!
- ▶ Als Hauptwinterfutter sind je Großpferd – bei einem Tagesverzehr von sieben bis acht Kilo – etwa 15 Doppelzentner (= 1.500 kg = 100 kleine so genannte HD-Ballen) Heu erforderlich. Bei ausschließlicher oder (mehr zu empfehlender!) nur teilweiser Heulagefütterung ersetzen (als grobe Faustzahl) ungefähr eineinhalb Kilo Heulage ein Kilo Heu.

Heu

Die Trocknung von Grünfutter zu Heu ist die in der Pferdefütterung traditionelle und auch heute noch gebräuchlichste Art, für Winterfutter zu sorgen. Neben Weidegras zählt Heu zum wichtigsten Grund- und Erhaltungsfutter des Pferdes, es ist durch kein anderes Futter voll zu ersetzen.

Für die Futterqualität ausschlaggebend sind:
- ▶ die Zusammensetzung des zu trocknenden Grünfutters,
- ▶ das Trocknungsverfahren,
- ▶ die Art der Lagerung.

■ Heu ist an jedem Trocknungstag stets abends und später vor dem Pressen entweder in Handarbeit oder mit einem so genannten Schwader auf Reihen zu ziehen.

Heu

Für Pferde eignet sich primär Heu von Wiesen und Weiden, welches Anfang Juni zu Beginn der Blüte oder während der letzten Blühphase geerntet wird (»Erster Schnitt«). Feldheu, etwa Raygrasheu, Kleeheu und Luzerneheu, ist als zusätzlicher Nährstoffträger für hochblütige Pferde und vor allem sportlich genutzte Pferde – neben einer Ration aus Wiesen-/Weidenheu – gut geeignet. Für Pferde im so genannten Erhaltungsstoffwechsel (= ohne große Arbeitsleistung) oder auch für große und kleine Ponys ist Feldheu als alleiniges Raufutter u. U. zu gehaltvoll (eine ausschließliche Fütterung kann im Extremfall – z. B. bei Ponys – zu Hufrehe führen). In der Tabelle auf Seite 76 sind die wesentlichen Kriterien für die Heubeurteilung aufgeführt.

Man unterscheidet folgende Trocknungsverfahren:
▸ künstliche Trocknung,
▸ Unterdachtrocknung,
▸ Reutertrocknung und
▸ Trocknung am Boden.

Im Normalfall wird der Pferdehalter (so er nicht sein Heu kauft) die Bodentrocknung betreiben. Der Erfolg der Bodentrocknung hängt weitgehend ab von der Witterung und erfordert neben den einzelnen Arbeitsschritten Fingerspitzengefühl und Erfahrung. Unbedingt notwendig ist, vor dem Mähen eine günstige Wetterprognose abzuwarten, um wenigstens drei bis vier Tage gute Erntewitterung mit beständigem Sonnenschein, möglichst mit geringer relativer Luftfeuchtigkeit und mittlerem Wind, erwarten zu können. Für Pferde ist Regen-Heu nicht oder nur mit Einschränkungen geeignet (es darf auch niemals als Einstreu verwendet werden – wie im übrigen jedes Heu dazu nicht dient).

▸ Jede Heuernte erfordert die nachfolgend genannten Arbeitsschritte. Man muss mähen, zetten, wenden, schwaden sowie pressen, einfahren und lagern.

Vor dem Mähen empfiehlt es sich, im hohen Gras (z. B. durch einen Vorstehhund mit gutem Appell und wenig Hetzneigung) Wild aufzuscheuchen, damit es flüchten kann und nicht in das Mähwerk gerät.

▸ Wichtig: Eingefahrenes Heu darf keinesfalls frisch verfüttert werden (Kolikgefahr), denn es durchläuft während der Lagerung noch einen abschließenden Trocknungsprozess, der erst nach zehn bis zwölf Wochen abgeschlossen ist und mit Gewichtsverminderung (Wasserverlust) einhergeht.

Auch Heulage darf niemals frisch sofort nach der Ernte bzw. dem Wickeln verfüttert werden, denn die Milchsäureentwicklung braucht mehrere Monate, um zum Stillstand zu kommen und für Pferde verdauungsverträglich zu sein.

■ *Drei Sorten Raufutter für Pferde: oben Raygras-(Feld-)heu, mittig Heulage, unten Biowiesenheu.*

Ernte

HEU-QUALITÄTSBEURTEILUNG[1]

Merkmal	Beurteilung			
	befriedigend	minderwertig	bedenklich	verdorben
Aussehen				
grünlich, natürlich	x			
leicht ausgebleicht	x			
mittelstark ausgebleicht		x		
stark ausgebleicht			x	
grau, schwärzlich-braun				x
angeschmutzt			x	
angeschimmelt				x
Griff				
weich	x			
leicht rau	x			
holzig		x		
klamm			x	
nass				x
Geruch				
aromatisch	x			
neutral		x		
muffig				x
fremdartig				x
Beimengungen				
geringer Staub		x		
Dreck, Mist				x
Milben				x
Schimmelstaub				x
Kadaver[2]				x

■ Heulage mit Schimmelbefall = unbrauchbar für jede Tierart!

■ Heulage minderer Qualität, leicht »schmierig« und stark »hefig« (= stark mit Hefen durchsetzt), für Pferde ungeeignet.

■ Natürlich grün, weich und aromatisch – so sollte Heu für Pferde aussehen!

1) Einfache Sinnenprüfung nach BENDER, I.: Praxishandbuch Pferdehaltung, 1. Aufl., Stuttgart 1999.
2) Stets kompletten Ballen beseitigen (sonst z. B. Gefahr von Botulismusvergiftung).

Silage

Grünfuttersilage ist als nährstoffreiches Raufutter mit relativ hohem Rohfasergehalt auch für Pferde (besonders für solche mit Stauballergie) geeignet. Entscheidend dafür ist, ob pferdegeeignete Qualitäten geerntet werden.

▸ Silieren bedeutet, dass die Verwertung wasserlöslicher Kohlehydrate aus dem gepressten Anwelkgras durch so genannte Laktobakterien unter Luftabschluss eine Milchsäuregärung auslösen. Dieser Silierverlauf konserviert das luftdicht konservierte/verpackte Futter für lange Zeit. Meist wird heute der Ballengärung gegenüber der Silogärung (z. B. Fahrsilo u. Ä.) der Vorzug gegeben.

Folgende Faktoren tragen maßgeblich zur Qualitätsbeeinflussung bei:
- ▸ Schnittzeitpunkt,
- ▸ Rohfasergehalt des Grases,
- ▸ Verschmutzung,
- ▸ Zerkleinerung,
- ▸ Pressdruck,
- ▸ Luftabschluss,
- ▸ Lagerung.

Das Mähen des Aufwuchses für so genannte Heulage (= Silage mit hohem Trocknungsgrad um 50 bis 60 % im Gegensatz zu typischer Rindvieh-Silage mit nur 35 % = Nass-Silage = ungeeignet für Pferde) sollte kurz vor oder während der Blüte erfolgen, damit einerseits der Rohfasergehalt nicht zu gering ist, andererseits aber auch wieder zu hohe Rohfasergehalte im Mähgut (über 25 %), die nach der Blüte eintreten, vermieden werden. Zu hohe Rohfasergehalte des Mähgutes erschweren die Verdichtung des Materials. Starke Verdichtung ist aber unbedingt erforderlich, um die Pflanzenstruktur zu verändern und die erforderliche Saftauspressung des Materials zu gewährleisten. Unsaubere Erntebedingungen, ungenügender Luftabschluss und Eindringen von Feuchtigkeit, Ungeziefer, Parasiten oder Schädlingen fördern negative Prozesse, die zu Verlusten mit Ungenießbarkeit des Futters führen. Nachgärungen und Nacherwärmungen, Fäulnisbakterien und Buttersäurebakterien sowie Schimmelpilze sind nicht selten dafür verantwortlich. Bei der winterlichen Entnahme von Silage ist stets wieder für Verschluss der Miete oder des Ballens zu sorgen.

Das zunächst gemähte und anschließend breit verteilte (»gezettete«) Grünfutter muss ungefähr zwei Tage wie Heu anwelken. Es wird dann nach dem so genannten Schwaden (mechanisches Zusammenharken und auf Reihen ziehen) durch eine schlepperangetriebene Rund- oder Quaderballenpresse aufgenommen und zu Silageballen verdichtet. Anders als bei der Heupressung muss der Silageballen auch innen besonders stark und gleichmäßig gepresst werden, das schaffen nicht alle typischen Heupressen alter Bauart. Nach dem Pressen der Silageballen folgt als weiterer Arbeitsgang das Folieneinwickeln der Ballen. Danach sind die Ballen an ihren Lagerplatz zu transportieren.

■ *Heulage mit hoher Trockensubstanz ist gutes Grundfutter, sollte aber immer zur Kontrolle vor Verfütterung aufgeschüttelt werden.*

Weide-Installationen

Zufahrt

Liegen die Weidekoppeln nicht direkt am Haus, sondern vielleicht hinter anderen Acker- oder Weideparzellen, ist ein zu allen Jahreszeiten befahrbarer Zufahrtsweg notwendig. Bei Kauf oder Pacht achte man darauf, ob ein Wegerecht für einen bereits bestehenden Weg (der vielleicht einem anderen Eigentümer gehört) besteht oder von diesem Eigentümer eingeräumt wird. Ansonsten muss eine eigene Zufahrt eingerichtet werden.

Selbst wenn die Anlage dieser eigenen (befestigten) Zufahrt von den zuständigen Behörden bewilligt wird, ist damit (je nach erforderlicher Länge) ein erheblicher Arbeits- und Kostenaufwand verbunden. Völlig unzureichend ist, wenn man zu seiner Pferdeweide erst durch (fremde) Pferde-, Schaf- oder Rindviehweiden kommt. Hier sind unangenehme Überraschungen beim Führen der Pferde durch diese Fremdparzellen nie auszuschließen.

Eventuell muss man sich stets mit dem Eigentümer der zu benutzenden Fläche abstimmen. Gleiches gilt übrigens, wenn die eigene Fläche mit Durchfahrtsrechten zu Gunsten anderer Benutzer belastet ist. Das kann z. B. durchaus sein, wenn ein Landwirt nur durch diese spezielle Parzelle zu seinen Grundstücken gelangen kann und dies bereits seit Jahren als »Gewohnheitsrecht« auch so toleriert wurde.

Das Recht kann ihm dann nicht so ohne Weiteres entzogen werden – er hat auch u. U. nach geltendem Privatrecht (auch ohne »Gewohnheitsrecht«) ein so genanntes Notwegerecht und damit Anspruch auf Durchlass.

Nicht immer reagieren Pferde so zurückhaltend wie beispielsweise Rindvieh, wenn mit schwerem Gerät und Güllefass durch die Weide gefahren wird, wobei es immer wieder in der Praxis schon mal zu Problemen mit anschließend nicht ordnungsgemäß verschlossenen Toren kommt.

Auch die Bodenverdichtungsprobleme aufgrund häufiger Durchfahrten mit schwerem Gerät sind zu berücksichtigen. Hier gilt es, sehr sorgfältig die individuelle Situation jeweils rechtzeitig vor jedem Pachtabschluss abzuklären.

Wasserversorgung

Die Bedeutung des Wassers für das Pferd

Die Bedeutung des Wassers und seiner Qualität für Pferde wird nicht immer richtig eingeschätzt, weshalb in diesem Kapitel die Grundsätze einmal dargestellt werden sollen. Manchmal glauben Pferdehalter sogar, dass Pferde eher unempfindlich gegen Schadstoffe im Wasser sind.

Nicht wenige Unpässlichkeiten bei Pferden (u. a. Durchfälle, Leistungsschwäche und Abgeschlagenheit) sind auf mangelhafte Wasserversorgung zurückzuführen.

Für jede Pferdehaltung sind – unabhängig von der Art der Wasserversorgung – drei

Wasserversorgung

wesentliche Grundsatzpunkte zu berücksichtigen. Wasser muss stets
- in einwandfreier Qualität,
- in ausreichender Menge und
- möglichst zur selbstbestimmten Aufnahme bereitstehen.

Grundsätzlich sollte demnach Pferden im Stall, im Auslauf und auf der Weide immer sauberes, frisches Wasser zu jeder Zeit erreichbar und zur beliebigen Aufnahme zur Verfügung stehen. Das ist auf verschiedene, den örtlichen Gegebenheiten angepasste Weise möglich, muss aber immer unter Berücksichtigung der notwendigen Hygieneanforderungen geschehen. Es kommt leider vor, dass Pferde aus Bequemlichkeit oder Gleichgültigkeit des Besitzers oder Pflegers auch auf der Weide nicht satt zu trinken bekommen und unter Durst zu leiden haben. Das ist grobe Tierquälerei, die sich ein wirklicher Pferdefreund nicht zu Schulden kommen lassen wird.

Für den Stoffwechsel ist Wasser unersetzliches Lösungsmittel. Nur ein konstanter, ausgeglichener Wasserbestand (mit darin gelösten Mineralien, so genannten Elektrolyten) sichert den ungestörten Ablauf biochemischer Reaktionen im Körper – und damit das Leben selbst. Genau wie uns Menschen fällt es Pferden erheblich leichter, zu fasten als zu dürsten. Das Gesamtkörperwasser macht etwa 60 % (bei alten Pferden) bis 75 % (bei Fohlen) des Körpergewichtes aus. Man unterscheidet dabei im Organismus zwei große Flüssigkeitsräume: Einerseits das Wasser in den Zellen selbst (im »Intrazellularraum«) und anderseits das Wasser in »Körperhöhlen« (im »Extrazellularraum«). Dazu zählt u. a. das Wasser im Blutplasma, die Innenohrflüssigkeit, das Gelenkwasser usw. Täglich werden in der Vegetationszeit bei Weidegang von mittelgroßen Pferden ungefähr 40 bis 70 Liter Wasser aufgenommen, davon aber oft weit weniger als die

■ *Kübeltränken sind durchaus pferdegerecht, müssen aber aus Hygienegründen täglich gereinigt und neu befüllt werden.*

Hälfte durch Trinken, sondern durchweg über 50 % durch »feste Nahrung« (u. a. stark wasserhaltiges Grünfutter mit teils 75 bis 80 % Wassergehalt). Auch durch »innere« Verbrennung (so genannte Oxydation = Stoffwechsel) der Nährstoffe entstehen im Pferdekörper täglich mehrere Liter Wasser. Es wird deshalb als »Oxidationswasser« bezeichnet.

Die Regulation der Wasserverhältnisse im Körper erfolgt durch Durstgefühl und durch Abgabe. Rezeptoren und Hormone spielen dabei eine Steuerungsrolle. Besonders nach der Fütterung (= hohe Drüsensekretion) und nach der Arbeit steigt das Durstgefühl. Bei säugenden Stuten ist der Wasserbedarf besonders hoch, denn sie geben zusätzlich täglich etwa drei Liter Wasser (je 100 kg Körpergewicht) mit der Milch ab. Wie oft Pferde trinken müssen, hängt von vielen Faktoren ab.

Weide-Installationen

> ▸ **Wichtig**
>
> Während des sommerlichen Weideaufenthaltes bei schwüler Witterung über 33°C Umgebungstemperatur trinken Pferde ungefähr jede Stunde.
>
> Im Winter kann es dagegen sein, dass sie lediglich zweimal in 24 Stunden die Tränke aufsuchen.

Die Flüssigkeitsbewegungen im gesamten Pferdeorganismus sind beträchtlich: Es werden täglich mehrere hundert Liter Flüssigkeiten u. a. über den Magen-Darm-Trakt und die Nieren »bewegt«. Allein im Magen-Darm-Trakt befinden sich zeitweise bei mittelgroßen Pferden etwa 50 bis 60 Liter Flüssigkeit, das sind vom Volumen her sechs normal gefüllte Eimer!

Die Wasserabgabe erfolgt wesentlich durch Harn- und Kotausscheidung (Kot enthält noch etwa 65 % Wasser) sowie Schwitzen der Haut (so genannte Transpiration). Im Sommer kann u. U. unter sehr ungünstigen Bedingungen bereits nach zwei Tagen ohne Wasserkonsum eine lebensgefährliche, manchmal unumkehrbare Austrocknung des Körpers (so genannte Dehydration) einsetzen. Folgen: Das Blut verdickt sich, der Kreislauf bricht zusammen. Insbesondere auch zur Aufrechterhaltung des Zelldrucks benötigt der Körper ausreichend Flüssigkeit. Sinkt nämlich der innere Zelldruck aufgrund von Wassermangel, dann erlahmt die Zellaktivität – und Zellen (bzw. komplette Gewebe und Organe) sterben u. a. durch diese Austrocknung ab.

Pferde wählen Wasser nach Geruch und Geschmack aus. Längere Zeit abgelagertes sauerstoffarmes Wasser (z. B. aus nicht ausreichend isolierten Tränkwagen) wird wegen »muffiger« Ausdünstung und fadem Geschmack selten auf Anhieb akzeptiert. Wird es »aus Not« getrunken, sind Gewöhnung und starkes Durstgefühl dafür maßgebend. Manchmal wird zwar behauptet (was aber nicht stimmt), dass Pferde laues oder abgestandenes Wasser angeblich bevorzugen oder besser vertragen. Pferde wählen demgegenüber stets kühles, frisches Wasser – wie Versuche zeigten. Nur in Ausnahmefällen trinken sie z. B. »Brackwasser«, auch wenn ausreichend frisches Wasser zur Verfügung steht. Hierbei spielen nach Feststellungen von Ingolf Bender (2003) Mineralstoffmängel (z. B. Eisen) oder Geschmackskomponenten (Huminsäuregeschmack) als »Abwechslung« offenbar die ausschlaggebende Rolle.

Naturwasser

Naturwasser aus Quellen, Bächen, Seen, oberflächennahen Brunnen oder aus Niederschlag (Regen, Schnee) kann gesund sein – ist es aber heute nur noch selten. Hierbei spielen nicht nur die allgemeine Umweltverschmutzung, sondern auch natürliche anorganische und organische Schadstoffbeimengungen die entscheidende Rolle.

Vor Jahrzehnten galt z. B. Regen als die saubere Wasserquelle schlechthin. Regenwasser wurde wegen seiner Reinheit mit destilliertem Wasser gleichgesetzt. In weichem Regenwasser spülte man die Wäsche und wusch sich die Haare. Auch Speisen wurden mit Regenwasser zubereitet. Abgesehen davon, dass das mit der Reinheit früher auch schon lange nicht mehr stimmte: Heute weiß man, dass im Regenwasser viele Schadstoffe gelöst sind, die den pH-Wert des Wassers sauer einstellen. Man spricht von »Saurem Regen«.

Zunächst handelte es sich beim »Sauren Regen« um örtlich begrenzte Phänomene. Man beobachtete beispielsweise schon im antiken Rom, dass in der Nähe von Metallfabriken (die in der Antike Pyrit oder Bleiglanz verarbeiteten) Bäume abstarben. Bei der Sodaherstellung stank der Schwefelwasserstoff zum Himmel. Der außerdem emittierte Chlorwasserstoff versauerte die im Einzugsbereich liegenden Oberflächengewässer.

Aber erst in den späten 70er Jahren des 20. Jahrhunderts wurde man sich plötzlich großräumigen Waldsterbens und landesweiter Seenversauerung bewusst. In Schweden war das Phänomen der absolut sauberen, kristallklaren Seen zuerst beobachtet worden: Weil es ohne jegliches Leben war. Der pH-Wert dieser Seen lag teilweise unter drei, entsprach dem pH-Wert von Haushaltsessig. Der Begriff des »Sauren Regens« kam auf.

Aber erst 1979 gab es erste Pressemitteilungen zur Versauerung von Seen in Schweden. Das Gift stammt aus Autoabgasen und industrieller Produktion. Wenn giftige Partikel niederregnen, dann können sie zum Beispiel in Gewässern eine chemische Reaktion auslösen, die wiederum die Zeugungsfähigkeit von Lebewesen beinträchtigen kann. Schädliche anorganische Stoffe im Wasser sind vor allem Säuren und Basen sowie Schwermetallverbindungen.

Zu den schädlichen organischen Stoffen zählen Pestizide und Naturgifte in unterschiedlicher Form (z. B. Bakteriengifte von Salmonellen und Clostridien sowie Aflatoxine von Schimmelpilzen) sowie Cyanobakterien (Blaualgen), Bakterien, Viren (z. B. Herpes- und Druseerreger) und eine Vielzahl von Einzellern (z. B. Pantoffeltierchen und Wimpertierchen). Grünalgen im Wasser sind zwar (im Gegensatz zu Blaualgen) durchweg unschädlich, doch dienen sie oft Bakterien und Einzellern als willkommenes Nährmedium, weshalb beispielsweise Wasserkübel, in denen sich bevorzugt Grünalgen bei Sonneneinstrahlung ansiedeln, täglich zu reinigen sind.

Schad-/Giftwirkung

Viele Stoffe und Keime im Wasser sind erst über einem bestimmten Schwellenwert, d. h. oberhalb einer Mindestkonzentration schädlich. Wird dieser Schwellenwert überschritten, dann kommt es zu Beeinträchtigungen des Wohlbefindens. Durch zunehmende Schadstoff-/Giftkonzentration wird die so genannte letale Dosis erreicht. Das ist die experimentell ermittelte Schadstoff-/Giftmenge (Abk.: LD50) bei der 50 % der Versuchstiere sterben. Unterhalb des Schwellenwertes können manche Substanzen durch Aktivierung der Abwehrkräfte auch anregende und belebende Wirkungen hervorrufen. In diesem Zusammenhang sei an den folgenden Ausspruch des berühmten

■ *Auch idyllische Gewässer bergen Gesundheitsgefahren; als Tränkwasser für Pferde ist das Wasser daraus nur selten geeignet.*

Weide-Installationen

Arztes Aureolus Theophrastus Bombastus Freiherrn von Hohenheim, genannt Paracelsus (1493–1541), erinnert: »Alle Dinge sind Gift und nichts ist ohne Gift, allein die Dosis macht, dass ein Ding kein Gift ist.« Wirkt ein Gift/Schadstoff/Keim in geringen Mengen sehr lange Zeit auf einen Organismus ein, kann es zu chronischen (= langsam sich entwickelnden) Schädigungen/Vergiftungserscheinungen kommen. Diese sind nur selten leicht zu erkennen und äußern sich meist nur in unspezifischem Unwohlsein, Durchfall, allgemeiner Mattigkeit und Leistungsabfall. Akute (= heftig verlaufende) Vergiftungen (so genannte Intoxikationen) entstehen dann, wenn Gifte in hoher Konzentration für kurze Zeit einwirken. Die Giftwirkung zeigt sich dann in Allergien, Störungen des Stoffwechsels, eventuell in Krebsgeschwülsten und Veränderungen der Erbsubstanz.

Wasseraufbereitung

Bei Brunnen- oder Regenwasser ist häufig die Aufbereitung sinnvoll. Es existieren eine Reihe von Verfahren, um Wasser als Trinkwasser aufzubereiten und zu desinfizieren. Spezialfirmen bieten entsprechende Anlagen an (Anschaffungskosten ab etwa 600,00 bis 750,00 Euro für eine Vollanlage).

▸ **Aktivierte Tonerde** als Filtermedium (Aluminium-Salze) wird aufgrund der hohen Oberfläche und guter Absorptionseigenschaften zur Wasseraufbereitung genutzt. Mit Hilfe aktivierter Tonerde können viele Verbindungen absorbiert werden, beispielsweise Fluorid, Arsen, Selen. Das Filtermaterial muss regelmäßig erneuert und regeneriert werden.

▸ **Aktivkohle** (Granulat, Pulver, Block) ist ein Medium zur Bindung und Beseitigung organischer Verschmutzungen von Mineralölen, Aromaten bis hin zu üblen Gerüchen und geschmacklichen Beeinträchtigungen. Die Beseitigung der Verunreinigungen erfolgt vor allem auf absorptiver Basis. Eine regelmäßige Erneuerung des Filtermediums ist im Hinblick auf Wiederverkeimungen sehr wichtig.

▸ **Anionen- und Kationen-Austauscher** werden zur Beseitigung unerwünschter Ionen (z. B. Härtebildner) auf der Basis von Austauscherharzen eingesetzt. Das Harz muss von Zeit zu Zeit regeneriert werden, damit es seine Funktion beibehält.

▸ Durch **Destillation** werden alle Inhaltsstoffe, die einen höheren Siedepunkt als Wasser haben, zurückgehalten. Hierfür ist ein hoher Energieaufwand erforderlich; darüber hinaus ist der Zeitaufwand hoch.

▸ Durch **Umkehrosmose** können viele Verunreinigungen eliminiert und hohe Wasserqualitäten erzielt werden. In diesem Verfahren wird unter hohem Druck auf eine halbdurchlässige Membran das Wasser durch die Membran gedrückt. Mittels dieser Umkehrosmose sind relativ viele Verunreinigungen zu beseitigen; für biologische und bakteriologische Verunreinigungen kommen sie normalerweise aber nicht zur Anwendung; leichtflüchtige Inhaltsstoffe werden nur durch Kombination mit A-Kohle Filtern beseitigt. Die Eliminierungsleistung liegt zwischen 80 und 95 %; die Membran wird in der Regel alle zwei bis drei Jahre gewechselt, die zugehörigen A-Kohle Filterpatronen alle ein bis zwei Monate.

▸ Neben den zuvor genannten Aufbereitungsverfahren sorgt eine zusätzliche Desinfektion für die Beseitigung oder Abtötung von Mikroorganismen. Nicht alle Keime werden vernichtet (also keine Sterilisation). Zusätzliche Desinfektionsverfahren sind:

▸ **Mikrofiltration**; sie basiert auf physika-

Wasserversorgung

lischer Filtration durch Poren, die kleiner als 0,2 µm sind. Mit Hilfe von Keramik oder A-Kohle-Blöcken dient dieses Verfahren vor allem der Abtrennung von Mikroorganismen; Keramikfilter haben den Vorteil, dass diese mehrfach rückgespült und regeneriert werden können, bevor sie wirkungslos werden. A-Kohle muss in der Regel nach einmaliger Beladung ausgetauscht werden. Neben der Abtrennung von partikulären Inhaltsstoffen bietet A-Kohle auch den Vorteil, dass organische Inhaltsstoffe eliminiert werden können.

▸ Eine genau dosierte Zugabe von **Chlor** und auch von Chlordioxid oxidiert die Zellwand von Mikroorganismen, darüber hinaus werden auch andere organische Inhaltsstoffe eliminiert; die Cysten und Oocysten von Giardien und Cryptosporidien werden jedoch nicht abgetötet. Durch die Oxidation mit Chlor können zusätzlich andere Probleme aufgrund organischer Inhaltsstoffe (Farbe, Geruch) beseitigt werden, dabei entstehen u. U. aber Trihalogen-Kohlenwasserstoffe (THM). Chlor wird entweder direkt in die Leitung gegeben oder in den Vorratstank, wo es vermischt werden muss – dabei sind erhebliche Schutzmaßnahmen zu beachten!

▸ Sauerstoff in Form von **Ozon** wird vor allem in größeren Aufbereitungsanlagen eingesetzt; es gibt aber auch eine wachsende Zahl von Verfahren, in denen Ozon in privaten kleinen Anlagen zum Einsatz kommt. Ozon oxidiert organische Stoffe ähnlich wie beim Einsatz von Chlor. Ein Ozongenerator oxidiert Sauerstoff zu O_3, das ist die chemische Formel für Ozon. Ähnlich wie beim Chlor ist eine ausreichende Kontaktzeit wichtig. Um dies zu garantieren, benötigt man einen Vorratstank. Ozon ist ebenfalls wie Chlor effektiv einsetzbar gegen Bakterien (Coliforme, Legionellen usw.); Parasiten-Dauerformen mit stabiler Zellwand (Cryptosporidien, Giardien) werden aber nicht inaktiviert.

▸ **UV-(Ultraviolettes Licht-)Verfahren** nutzen Lampen, welche sich im zu behandelnden Wasser befinden. Die UV-Licht-Bestrahlung zerstört dabei primär das genetische Material der Mikroorganismen im Wasser, wodurch deren Vermehrung unterbunden wird. Durch UV-Bestrahlung erfolgt keine Inaktivierung von Protozoen-(= Einzeller-)Dauerformen.

Für alle Wasseraufbereitungen gilt in Deutschland DIN 1968, für Österreich und die Schweiz existieren eigene Trinkwasser- und Aufbereitungsvorschriften (sie sind vergleichbar streng wie die deutschen Bestimmungen).

Praktische Wasserversorgung

Oft sind vorwiegend im Sommer Tränken sehr unhygienisch und z. T. mit Keimen und Parasiten verseucht (sehr gefährlich sind Exkremente von Tauben und Nagern), im Winter wird nicht selten zu wenig getränkt oder durch Störungen der Wasserversorgung (Einfrieren) zu spät und dann zu nicht pferdegemäßen Zeiten erst sehr spät nach der Fütterung getränkt.

▸ Sehr kritisch sind alle Tränken zu beurteilen, die auf Regenwasserbevorratung oder fahrbaren Außentanks basieren. Darin verdirbt das (teils bereits kontaminierte) Wasser schon nach wenigen Tagen. Der eigentliche Wasserbedarf der Vierbeiner hängt von Alter, Größe, Leistung, Jahreszeit und Fütterung ab.

▸ Als Anhaltspunkt, z. B. für die Handtränke, gilt: Im Winter können je Kilo Heu etwa drei Liter Tränkwasser erforderlich sein. Bezogen auf das Körpergewicht kann als

Weide-Installationen

grobe Faustzahl von einem pauschalen Wasserbedarf in Höhe von fünf Litern je 100 kg Pferdegewicht ausgegangen werden.

▸ Die beste Versorgung für alle Haltungsformen lässt sich zu jeder Jahreszeit über Heiztränken in Hausnähe (z. B. Nelson®, siehe Foto) sichern, die an das öffentliche Wasserversorgungsnetz angeschlossen sind. Eine Selbsttränke reicht etwa für vier bis sechs Pferde – es kommt ganz auf den Grad der Verträglichkeit an, der unter den Tieren herrscht.

Mehr Pferde brauchen auch mehr Tränkstellen! Eventuell muss man (wenn die Tränke z. B. zentral im Auslauf installiert wird) einen Treibweg anlegen, damit eine solche Tränkstelle auch von jeder Koppel aus zugänglich ist. Die Breite dieses Weges richtet sich nach der Anzahl der gehaltenen Pferde. Für zwei bis vier Pferde können vier Meter genügen, für größere Gruppen sollte er breiter sein, etwa bis zu zehn Meter. Dieses Stück Weide ist nicht vergeudet, denn es wird ja mit abgegrast, auch wenig zertreten, denn vorwiegend wird nur ein schmaler Trampelpfad benutzt. Im Allgemeinen gehen die Pferde nicht alle gleichzeitig zur Tränke. Die Breite ist aber trotzdem nötig, damit keine Engpässe entstehen, in denen sich die Pferde den Rang streitig machen und Schwächere in oder durch die Zäune jagen. Das kann schnell unnötigen Stress und zudem böse Verletzungen geben.

▸ Wird aber z. B. Regenwasser (zu 90 % kontaminiert mit Staub und unterschiedlichen Aerosolen) oder Grundwasser zur Versorgung eingesetzt und bevorratet, müssen alle hygienischen Gesichtspunkte der Trinkwasserqualität u. U. durch spezielle Wasseraufbereitung und fachgerechte Lagerung beachtet werden, um chronische Gesundheitsschäden zu verhüten. Beim Einsatz von Wassertanks (z. B. als fahrbare Weidetränken) sind bevorzugt die vom Handel angebotenen, speziell isolierten Tanks einzusetzen (regelmäßige Neubefüllung ist auch dabei wichtig). Regen-, Teich-, Bach- und Grundwasser sollte grundsätzlich vor dem Tränkeinsatz erst einmal analysiert werden. Spezielle Institute analysieren Wasserproben (z. B. das Institut Fresenius-Competence-Center-Bioanalytik, Tel.: 0 61 28 / 74 47 72,

■ *Für jede Jahreszeit empfehlenswert sind beheizbare Selbsttränken, hier die Nelson-Tränke.*

Wasserversorgung

Fax: 0 61 28/7 44 97 72). Auf dem klassischen Hygienesektor erfolgt der Schnellnachweis innerhalb weniger Stunden. Im Rahmen mikrobiologischer Untersuchungen ist neben der Quantifizierung klassischer Keime auch die Ermittlung von mikrobiologischen Sondergruppen (z. B. Nitrifikanten, Sulfatreduzierer, Methanbildner) und deren Aktivitäten möglich. Ergänzend kommen mikroskopische Sondierungs- und Nachweistechniken (z. B. Epifluoreszenzmikroskopie, Spezialfärbungen, REM, TEM) zum Einsatz. Vor einem Analyseauftrag empfiehlt es sich, die Kosten zu erfragen!

▸ Eine Kolben-Weidepumpe (wie sie auf Rindviehweiden benutzt wird) ist nicht absolut ideal, kann aber der Wasserversorgung dienen, wenn man einen Brunnen bohrt und die Pferde lange genug anlernt, den Saughebel der Pumpe selbst mit dem Nasenrücken zu drücken. Sehr wichtig für das Funktionieren der Kolben-Weidepumpe ist der Schutz gegen das Ansaugen von Fremdkörpern, die zu Betriebsstörungen führen. Das Umwickeln des Saugrohrendes mit Fliegendraht hat sich dazu bewährt.

▸ Flüsse und Teiche mit befriedigender Wasserqualität sind immer abzuzäunen. Es sind eingefriedete Zugänge (etwa in Form eines leicht schrägen Steges) zu schaffen, auf dem die Tiere direkt an das klare Wasser herankommen. Würde man dies unterlassen, dann treten die Pferde im Wasser herum, rühren den Grund auf und verschmutzen das Wasser – vor allen Dingen mit ihrem Kot, wodurch sich nicht nur Qualität und Geschmack des Wassers verändern, sondern auch die Wurminfektionsgefahr steigen kann.
An einen abgezäunten Teich kann man, statt mit einem Steg, mit der Kolben-Weidepumpe herankommen, da ihr Saugschlauch etliche Meter lang ist.

■ *Der Steg verhindert, dass die Pferde das Wasser verschmutzen.*

▸ Auch ein sauberer Bach mit Quellwasser (z. B. in bergigen Gebieten) kann eine gute Weidetränke sein, wenn ebenfalls die zuvor beschriebene Tränkstelle geschaffen oder die Kolben-Weidepumpe benutzt wird. Aber Vorsicht: Nicht jeder Graben oder Vorfluter ist in diesem Sinne ein »Bach«.

▸ Die Windkraftpumpe als weitere Möglichkeit zur Wasserversorgung durch Grundwasserbrunnen wird in windreichen Gegenden (z. B. in Norddeutschland) benutzt. Sie kann Wasser aus bis zu 15 m Tiefe fördern, ist jedoch nur erforderlich, wenn die einfache Kolben-Weidepumpe etwa wegen ungenießbaren Brackwassers nicht eingesetzt werden kann.

▸ Ein Wasserfass mit einer montierten Selbsttränke oder einem Bottich, in den man das Wasser einlaufen lässt, ist auch eine Lösung der Wasserversorgung, obgleich hierbei oft das Wasser schal und abgestanden ist. Es hängt davon ab, wie oft es erneuert wird.

▸ Alle Tränken (insbesondere Bottiche auf der Weide) bedürfen täglicher Kontrolle und Säuberung, vor allem sind häufig tote Mäuse oder Tauben sowie Exkremente und Federn zu beseitigen.

Weide-Installationen

■ *Große Holztore sind dekorativ und für Weidezufahrten zweckmäßig.*

Zäune und Tore

Ein Weidezaun muss grundsätzlich solide und stabil sein, damit Verletzungsgefahren für Pferde und die Ausbruchsmöglichkeit weitgehend herabgemindert werden. Dem wird letztlich nur ein Holzzaun gerecht. So ein stabiler Zaun hält lange und macht in späteren Jahren nicht ständig erneute Reparaturen notwendig. Weil man sich anfangs so gar nicht vorstellen kann, was Pferde alles »zerdeppern«, baut mancher die Zäune häufig zu schwach: Umgedrückte Pfähle, zerbrochene Latten und ausgeleierte Drähte mit allen gefährlichen Folgen sind das Ergebnis. Darum kann auch ein nur einfach verspannter Elektrozaun (wie man ihn landläufig sieht) als Außenzaun für Pferde nicht sicher genug sein.

Ein einfacher Elektrozaun – zumal mit einem Batteriegerät betrieben – hat zu viele Unsicherheitsfaktoren, die ein Risiko bedeuten: Mag er noch so sorgfältig und pfiffig aufgebaut sein, er ist immer gefährdet durch arglosen oder böswilligen Schabernack Dritter. Außer Betrieb setzen können ihn ferner Äste oder andere Fremdkörper, die den Strom ableiten (Erdung!). Oft geschieht das nachts und ist dann viele Stunden lang unkontrollierbar. Die hohe Luftfeuchtigkeit im Herbst und Winter mindert die Intensität der Impulsenergie, und besonders stark bepelzte Pferde lassen sich von dem schwachen Schlag nicht mehr beeindrucken. Schneebrücken auf den Isolatoren bringen den gleichen Effekt. Bei sehr lauffreudigen Rassen wie Vollblütern, Arabern und deren Verwandten ist der einfache Elektrozaun auch als Weideunterteilung abzulehnen, da sie ihn im schnellen Galopp übersehen können und hindurchgaloppieren – gefährliche Unfälle sind die Folge.

▶ Wenn der Elektrozaun mit Sorgfalt innen an einem festen Außenzaun angebracht wird, um das Scheuern an den Latten zu verhindern, kann er sich als nützlich erweisen. Niemals dürfen etwa Elektrodrähte oder -litzen lose herumhängen oder am Boden liegen. Bleibt ein Pferd darin hängen, können sich schwerste Verletzungen (vor allem der Sehnen) ergeben.

▶ Deshalb ist nur der moderne mehrreihige Elektrozaun (mindestens drei Reihen) mit gut sichtbaren Breitbändern, die eine

Zäune und Tore

effektive Stromführung sichern, die bestmögliche Lösung, wenn zusätzlich eine Außenbeplankung mit Holz erfolgt und die Pfahlabstände nur maximal drei Meter betragen sowie die Einspeisung der Stromimpulse über (für Bewuchs unempfindliche) 220-Volt-Netzgeräte oder sehr starke Akkugeräte erfolgt.

▸ Eine zwingende Notwendigkeit ist der innere Elektrozaun dann, wenn Pferdeweiden zeitweise von Rindern genutzt werden. Die glatten Stangen und auch alle Drähte werden leicht von den Rindern gewaltsam beschädigt; sie müssen deshalb zusätzlich elektrisch abgesichert werden. Ganz besonders notwendig ist der Elektrozaun, wenn auf Weiden mit (an sich abzulehnenden) Stacheldrahtzäunen Pferde gehalten werden. Fast immer sind bäuerliche Weiden mit Stacheldraht umgeben, weil dies der sicherste Schutz gegen das Ausbrechen der Rinder ist. Wenn Pferde solche Koppeln beweiden, ist es ratsam, mit wenigstens einem Meter Abstand vor den Stacheldraht einen genügend gut sichtbaren und funktionssicheren Elektrozaun aufzustellen. Je kleiner die Weiden sind, desto größer ist die Gefahr von Stacheldrahtverletzungen bei den Pferden – sie gehören zu den übelsten Wunden. Manchmal bleibt leider nichts anderes übrig, als dass man als Pächter solche Zäune in Kauf nehmen muss. In eigener Regie sollte man aber niemals für Pferde einen Stacheldrahtzaun bauen, der inzwischen (wie alle Drahtzäune) für Pferde gerichtlich verboten wurde.

Beim praktischen Zaunbau berechnet und beschafft man zunächst das benötigte Material für die geplante Gesamtlänge. Pfähle sind 20 Jahre und länger haltbar, wenn man gespaltene Eiche nimmt (viel Kernholz, wenig Splint). Pfähle aus Nadelholz sind nicht lange haltbar, ausgenommen sie sind im Spezialverfahren imprägniert, wodurch sie relativ teuer werden. Die Länge soll etwa 1,90 m bis 2,20 m betragen. 1,20 bis 1,50 m ragt der Pfahl später aus der Erde. Also etwa zwei Drittel über der Erde, ein Drittel in der Erde. Extra starke Pfähle, die auch etwas tiefer in die Erde gesetzt werden, benötigt man für Ecken. Für einen Stangen- oder Lattenzaun ist alle 2,50 m, äußerstenfalls alle 3,00 m ein Pfahl erforderlich.

Für den Weidezaun selbst sollte man wenigstens zuoberst eine Stange oder Latte nehmen und erst darunter drei Reihen E-Zaunband. Auch die Kombination: eine Stange oben, eine unten und in der Mitte zwei E-Zaunbänder erweist sich als praktikabel. Am besten sind natürlich drei Stangen oder Latten und drei E-Zaunbänder. Natürlich sind die Kosten für Holz durch nahe oder ferne Transportwege sehr verschieden.

Eckverstrebungen, für jedes Weidetor und jede Ecke je zwei Stück, können etwas schwächere Pfähle von etwa 1,90 m Länge sein. Die Stangen oder starken Latten aus

■ *Beste Einzäunung für Großpferde: Drei waagerechte Holzstangen an Pfosten im Abstand von 2,50 Meter, Höhe des Zauns etwa 1,65 m (mit E-Zaun-Absicherung).*

Weide-Installationen

■ *Holzweidezäune sind nur sicher mit innerer Elektrozauninstallation.*

Fichten-, Kiefern- oder Douglasienholz kauft man, wenn möglich, direkt beim Waldbesitzer. Reitplätze, Fohlen- und Jungpferdekoppeln sowie Sandausläufe bzw. Paddocks sollte man auf jeden Fall massiv mit Holz einzäunen. Auch Gummigurte (aus ehemaligen Zechenförderbändern) können straff verspannt an eingegrabenen Bahnschwellen befestigt einen sicheren Zaun geben.

Das Imprägnieren der Hölzer in Eigenhilfe erfordert viel Mühe. Gespaltene Eichenpfähle benötigen nicht unbedingt eine zusätzliche Imprägnierung. Doch die Haltbarkeit von Stangen und Latten wird durch Imprägnierung mit umweltgerechten Mitteln erheblich erhöht, vorausgesetzt sie sind geschält. Anstriche dringen nicht sehr tief ein und müssen von Zeit zu Zeit wiederholt werden. Das Beste, aber auch das Teuerste in der Anschaffung sind die in Spezialfirmen mechanisch unter Druck und Hitze durch und durch getränkten Hölzer; sie haben eine entsprechend lange Lebensdauer, machen sich also auf lange Sicht bezahlt. Nicht imprägnierte Stangen werden von Pferden alsbald angenagt, nicht so sehr auf den Weiden als in Ausläufen, denn hier langweilen sich die Tiere doch häufig und beschäftigen sich gerne mit dem »Knabbern«.

Die erste Arbeit beim Zaunbau ist das Ausfluchten. Wenn keine besonderen Vereinbarungen getroffen werden, ist immer ein amtlich festgelegter Abstand zur Grenze des Nachbarn einzuhalten. Dieser ist nicht überall gleich und muss daher bei der Gemeinde oder beim Landwirtschaftsamt erfragt werden.

Das Ausheben der Löcher für die Pfähle wird häufig maschinell erledigt, was die Arbeit sehr erleichtert und beschleunigt. Meist besitzen Lohnunternehmer Traktoranbaugeräte zum Bohren von Löchern sowie Rammen zum Einschlagen von Pfählen. Andernfalls bleibt nichts anderes übrig, als sie mühsam von Hand auszuführen. Das ist dann, nebst dem Feststampfen der Erde nach dem Einsetzen der Pfähle, der schwerste Teil des Zaunbaus. Wenn die Pfähle nicht sofort nach dem Ausheben der Löcher eingesetzt werden, fallen immer alle möglichen Kleintiere hinein wie Igel, Frösche, Mäuse, aber auch Junghasen. Sie können wegen der Tiefe und der steilen Ränder nicht mehr selbstständig heraus und müssen elend umkommen, wenn man sie nicht befreit. Darum empfiehlt es sich, täglich alle Löcher nachzusehen! Besser noch: Pfähle gleich einsetzen. Beim Einsetzen der Pfähle darf nie viel Erde auf einmal in die Löcher geschaufelt werden. Immer nur jeweils kleinere Mengen mit einem schmalen Stampfer feststampfen, sonst stehen die Pfähle nicht so »bombenfest«, wie das unbedingt nötig ist. Ist der Boden sehr trocken, muss Wasser zugefügt werden.

Die Befestigung der Stangen und E-Zaunbänder bzw. Isolatoren muss innen an den

Zäune und Tore

■ Für Gestüte besonders adrett wirken Kunststoffzäune; sie sind aber u. U. empfindlich gegen langjährig einwirkende UV-Strahlung, weshalb man sich vor Kauf nach Haltbarkeit und Umweltverträglichkeit des verwendeten Materials erkundigen sollte.

Pfählen erfolgen. Nägel zum Annageln der Stangen und Latten sollten lang sein, damit sie noch wenigstens fünf cm tief in den Zaunpfahl eindringen – anders ist die Haltbarkeit nicht garantiert.
Bei Eichenpfählen muss wegen der Härte des Holzes eventuell etwas vorgebohrt werden. Häufig genügt aber ein Einfetten der Nagelspitze – und wenn der Nagel mit der Kombizange gehalten wird, schlägt er sich nicht so leicht krumm.

■ Handelsübliche kesseldruckimprägnierte Pfähle halten etwa 12 Jahre; sie kosten z. B. in zwei Meter Länge je Stück vier Euro.
Der Anstrich von Zäunen oder Ställen ist bevorzugt umweltschonend mit lösemittelfreien Lasuren möglich; Carbolineum- oder Teerölanstrich war früher – mangels anderer Substanzen – üblich, ist aber heute als nicht mehr umweltgerecht und unter Umständen gefährlich abzulehnen.

Weide-Installationen

Der Weidezaun

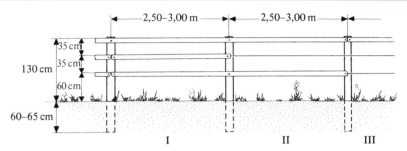

■ Beispiele von Zäunen für größere Ponys und Großpferde. I: Ganz aus Holz. II: Oben und unten Holz, in der Mitte Glattdraht 3,8–4 mm. III: Oben Holz, darunter 2 Glattdrähte oder am besten E-Zaunband. Eine Stange reicht über 2–3 Pfähle. Wo Fohlen geboren werden, muss zwischen Boden und unterster Stange noch eine vierte Stange angebracht werden. Die gezeigten Beispiele sind nicht erschöpfend. Es gibt natürlich noch etliche andere sehr brauchbare Typen.

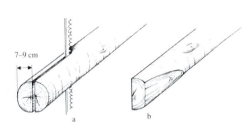

■ Vorbereitung der Stangen. a: Die Stangen kauft man am besten schon halbiert. Sie müssen 7–9 cm stark sein, an der schwächsten Stelle mindestens 6 cm. b: Abflachen – nicht einkerben! – an zu dicken Stellen, damit die Nägel gut eingetrieben werden können.

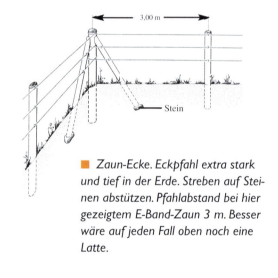

■ Zaun-Ecke. Eckpfahl extra stark und tief in der Erde. Streben auf Steinen abstützen. Pfahlabstand bei hier gezeigtem E-Band-Zaun 3 m. Besser wäre auf jeden Fall oben noch eine Latte.

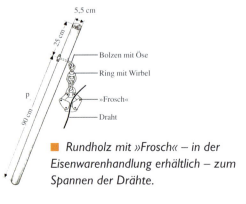

■ Rundholz mit »Frosch« – in der Eisenwarenhandlung erhältlich – zum Spannen der Drähte.

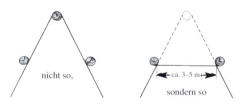

■ Keine spitzwinkligen Ecken im Weidezaun!

Weide-Installationen

DAS WEIDETOR

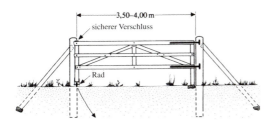

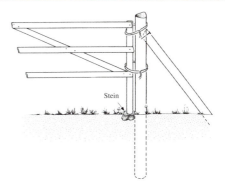

■ Beispiel eines Weidetores. Das Tor öffnet sich – stets! – nach innen zur Weide. Das Laufrad erleichtert das Öffnen und Schließen und verhindert, dass das Tor sich infolge seines Gewichtes verzieht. Landmaschinen kommen bei dieser Breite gut durch. Diese Art Weidetor mit den Diagonalverstrebungen ist am häufigsten anzutreffen. Doch können sich die Pferde darin mit den Hufen verfangen, was bei beschlagenen Pferden besonders gefährlich ist. Ein Weidetor ohne diese Verstrebungen, das statt dessen durch Winkeleisen an den vier Ecken stabil gemacht wird, verhindert diese Gefährdung, ist allerdings aufwändiger in der Herstellung.

■ Einfachste und billigste Verbindung von Tor zu Torpfosten: Doppelt herumgeschlungener Draht 3,8–4 mm. Die Enden müssen gut miteinander verdreht und mit Krampen am Pfosten angenagelt werden. Statt Draht kann man auch Ketten verwenden. In beiden Fällen muss das Tor beim Öffnen und Schließen am anderen Ende leicht angehoben werden.

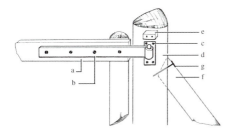

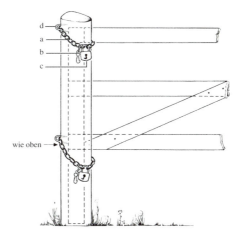

■ Stabile Verbindung von Tor und Torpfosten. a: Oberste Torlatte. b: Eiserne Torbänder. Bei 3–4 m breiten Toren müssen die Bänder ca. 70 cm lang sein; sie werden mit starken Holzschrauben an den oberen und unteren Torlatten angeschraubt. c: Band-Haken. d: Torpfosten, gespaltener Eichenpfahl oder anderes dauerhaftes Holz. e: 3–4 cm dicker Klotz, über den oberen Haken genagelt, verhindert das Ausheben des Tores durch Unbefugte oder Pferde. f: Stützstreben mit Nagel (g). Das Tor schlägt beim Öffnen ins Innere der Weide.

■ Beispiel eines Weidetor-Verschlusses. a: Kette. b: Karabinerhaken zum Einhängen, sofern das Tor nicht verschlossen wird. c: Vorhängeschloss – stets gut einzufetten –, das in die beiden Endglieder der Kette fassen muss (der Karabinerhaken hat bei verschlossenem Tor keine Funktion). d: Tief eingeschlagener starker Krampen, der die Kette am Verrutschen hindert.

Weide-Installationen

■ Ideale Weiden sind solche, die von Schatten spendenden Bäumen umsäumt sind.

Anpflanzungen

Grundsätze

Aus den unterschiedlichsten Gründen sind in manchen typischen Agrarlandschaften vor Jahren vielfach Anpflanzungen abgeholzt worden, um z. B. eine arbeitssparende Bewirtschaftung von Äckern und Weiden zu erreichen. Übersehen hat man dabei oft, dass Anpflanzungen, insbesondere mehrreihige Hecken, einen unersetzlich hohen ökologischen Wert besitzen.

Heute sehen sowohl die Landwirtschaft als auch besonders die Landschaftsschutzbehörden klarer: Anpflanzungen werden nicht selten freiwillig durchgeführt, mancherorts öffentlich auch gefördert, teils bei neuen Bauvorhaben im Außenbereich detailliert mit Menge und Größe der Gehölze behördlich vorgeschrieben. Neben dem ökologischen Wert (z. B. Nahrungsquelle für Vögel) ist auch der optische Reiz durch Auflockerung der Kulturlandschaft, aber auch der Nutzwert von Anpflanzungen nicht gering zu schätzen. Man erinnere sich z. B. an die »lieblichen« Heckenlandschaften Cornwalls aus den »Rosamunde-Pilcher-Filmen«. Für jedes Pferdeareal bieten Anpflanzungen u. a. Wind- und Staubschutz, zudem stellen Bäume oder hohe Hecken ideale natürliche Schattenspender für Ausläufe und Weiden dar. Die Kosten für solche Anpflanzungen sind vergleichsweise gering, vor allem dann, wenn man zunächst überwiegend auf schnellwüchsige Gehölz-Stecklinge (das Stück für zwei bis fünf Euro) zurückgreift. Sie erreichen nach fünf bis sechs Jahren schon eine ansehnliche Größe. Bezugsquellen können bei Landschaftsschutzämtern, kommunalen Grünflächenämtern, bei Landschaftsgärtnern, Baumschulen und auch bei der zuständigen Landwirtschaftskammer erfragt werden.

Baumgruppen

Auf der Weide, am Stall oder am Rande eines Reitplatzes oder Paddocks sind Baumgruppen u. a. als Schattenspender immer

Anpflanzungen

eine Bereicherung und deshalb sehr wünschenswert. Welche Baumart man wählt, hängt einerseits vom Klima und vom Boden, andererseits aber auch davon ab, welches Gehölz zum Standort passt. Standorttypische Gehölze sind immer vorzuziehen. Als grobe Richtschnur gilt: Laubbäume primär im Flachland, Nadelbäume hauptsächlich in einigen Mittelgebirgsregionen und im alpinen Raum. Immer muss bei Bäumen die Ungiftigkeit gesichert sein. Selbst wenn Pferde keinen direkten Kontakt zu den Gehölzen haben, können Früchte oder Blätter giftiger Bäume, z. B. durch Windbruch und Verwehen in das Pferdeareal, nach dem Fressen verheerende Folgen nach sich ziehen. Alle Ziergehölze (besonders Eibe, Goldregen u. Ä.) oder die meisten Koniferen (z. B. Thuja) sind hoch giftig, weshalb sie für eine Anpflanzung in der Nähe eines Pferdeareals völlig ausscheiden. Aber auch Eichengruppen können (müssen aber nicht) dann gefährlich sein, wenn Pferde (aus Futtermangel) im Herbst übermäßig viel heruntergefallene grüne Eicheln fressen. Notwendig ist immer, die Stämme der Bäume zu schützen, um Verbiss vorzubeugen.

Als Laubbäume für Pferdeareale haben sich Birken (schnellwüchsig, aber kurzlebig) und Kastanien unterschiedlicher Sorten (langlebig mit schöner Schatten spendender Krone) bewährt. Auch Obstbäume (primär Apfelbäume) sind geeignet (auf Weiden, die in der Erntezeit genutzt werden, ist allerdings vorsorglich das Fallobst stets abzusammeln!). Kostenbeispiel: Kastanien mit einem Stamm von zirka 10 cm Durchmesser und einer Höhe von 3,50 Meter kosten als Containerware etwa 150 bis 200 Euro.

▶ Besonders problematisch können Eichengruppen auf Weiden oder an deren Rändern wegen der regional immer stärker auftretenden sommerlichen Raupenplage durch Eichenprozessionsspinner (Thaumetopoea) sein. Das sind Schmetterlingsraupen, die vorwiegend an Eichenbäumen (gelegentlich auch an Birken) anzutreffen sind. Sehr trockene, warme Jahre sowie milde Winter begünstigen die Ausbreitung der Art sehr stark. Das führt in den Sommermonaten ab Juni/Juli regional unterschiedlich zu einer Massenvermehrung – vornehmlich im Westen Deutschlands, aber z. B. auch in Brandenburg, in Österreich (u. a. in Wien). Kontakt mit den Widerhaken-Raupenhaaren ist für Menschen und Tiere gefährlich. Besonders die Häutungsreste und die bis einen Meter langen Gespinstballen der Raupen enthalten diese Haare mit dem giftigen Eiweiß Thaumetoporin. Bei Kontakt können juckende Hautreizungen (»Quaddeln«), allergische Reaktionen sowie Fiebrigkeit und Augenentzündungen bei Mensch und Tier auftreten. Weideflächen mit befallenem Baumbestand sind vorsorglich zu sperren, damit keine durch Wind herunter gewehten Gespinste gefressen werden (in Holland verendeten Rinder nach dem Fressen!).

Heu mit Gespinstnestern von solchen Flächen ist immer zu vernichten. Vorsicht auch bei Ankauf!

■ *Eichenprozessionsspinner, deren Gespinste in Gras und Heu gefährliche Hauterkrankungen auslösen können.*

Weide-Installationen

■ *Ziersträucher wie Ginster und die abgebildete Forsythie sind giftig.*

Hecken

Eine Hecke ist zweckdienlich vor allem als Windschutz, bietet im fortgeschrittenen Entwicklungsstadium ein zusätzliches Hindernis gegen das Ausbrechen und wird häufig als Sichtschutz angelegt. Die Hecke mag also rund um die Weide laufen oder nur vor der einen oder anderen windgefährdeten oder sonst zu schützenden Seite angelegt werden. Vorhandene Wald- und Gehölzstücke können gut mit einbezogen werden. Ein physikalischer Gesichtspunkt ist zu beachten: Es dürfen keine Windkanäle durch frei bleibende Partien in der windausgesetzten Richtung entstehen. Bei Höhenzügen pflanzt man eine Hecke nicht oben auf die Kammlinie, sondern davor oder dahinter.

Zunächst sind immer die rechtlichen Bestimmungen im Hinblick auf Abstände einer Hecke zu den Nachbargrundstücken und auf eventuell verbotene Gehölze zu prüfen. Es gibt Sorten, die als »Zwischenwirte« für Obstschädlinge dienen. Zu bedenken ist ferner, dass eine Hecke entlang Pferdezäunen einen Abstand von mindestens einem Meter haben muss, damit die Pflanzen weder durch Herausreißen noch durch zu starken Verbiss vernichtet werden. Dieser Abstand plus Breite der Hecke plus vorgeschriebener Abstand der Hecke zum Nachbargrundstück ergibt also die »Baulinie« für den Weidezaun. Ist die Hecke erst älter und breiter, so dass immer mehr Zweige von der Weide aus erreichbar sind, dann kann sie von den Pferden beknabbert werden, wenn nur ungiftige Gehölze verwendet wurden. Sie bietet in begrenzten Mengen willkommene Abwechslung und Beifutter.

Die tiefreichenden Wurzeln der Heckenpflanzen können vielfältige, andersartige Stoffe aus dem Boden in die Pflanze befördern, wie es Gräser nicht vermögen. Wie breit und hoch eine Hecke später einmal werden soll, richtet sich nach den Wünschen der Eigentümer und den gegebenen Möglichkeiten. Sie kann ein-, zwei- oder auch dreireihig gepflanzt werden und entsprechend der angestrebten Höhe die geeigneten Pflanzen enthalten.

Entweder pflanzt man nur Sträucher und strauchartig zurückschneidbare Bäume oder zusätzlich Bäume erster und zweiter Größe. Wie das aussieht, zeigt die Grafik auf Seite 95. Beratung durch örtliche Baumschulen ist nützlich. Der Pferdebesitzer muss aber darauf hinweisen, dass nur den Pferden bekömmliche Gehölze angepflanzt werden dürfen! Hierzu gehören: Weißdorn, Hainbuche, Hasel, Weiden, Schwarzdorn, Wildrosen, Brombeere, Eiche, Aspe, Eberesche, Birke, um die Gebräuchlichsten zu nennen. Die Auswahl sollte zum Boden und Klima passen, damit die Pflanzen gut anwachsen, später keine Lücken bilden und somit wenig Mühe machen.

Eine Mischung verschiedener Gehölze sieht nicht nur hübsch aus, sie bietet gleichzeitig

Anpflanzungen

mit ihren Blüten Bienenfutter, mit den Früchten Vogelfutter und, wenn die Hecke erst größer ist, durch ihre Dornen gute Nistgelegenheit. Beste Pflanzzeiten sind der Spätherbst nach dem Blattabwurf und das Frühjahr vor dem Blattaustrieb. Das Anwachsen wird durch Bodenabdeckung und kleine Kompostgaben gefördert. In den ersten Jahren nach der Anpflanzung schützt man eine Hecke wirksam gegen Wildverbiss mit einem der erhältlichen biologischen Mittel plus eventuell Gallenflüssigkeit, die man beim Schlachter bekommt.

Eine Hecke muss nach den ersten Jahren, möglichst auch auf der zur Weide gerichteten Seite, immer gestutzt werden. Man kann und sollte diese feinen belaubten Zweige trocknen und im Winter als wertvolles Beifutter in kleinen Mengen den Pferden geben. Das Heckenstutzen erfolgt regelmäßig kurz vor Johanni (das ist der 22. Juni), dann bleiben im getrockneten Zustand die nährstoffreichen Blätter an den Zweigen haften. Nach Johanni verlieren sie erheblich an Wert und Schmackhaftigkeit. Das Stutzen ist nicht mit dem Scheren von Gartenhecken identisch, was bei weitem zu viel Mühe machen und unnatürlich wirken würde.

Wenn Wege und zaunbegleitende Hecken je nach Gegebenheit mit Busch und Baumgruppen, mit unvergifteten Gräben, Bächen, Tümpeln, Teichen und Feuchtgebieten untereinander verbunden werden, bieten diese Bereiche einen Lebensraum mit verbesserten Daseinsbedingungen für eine vielfältigere, sich wechselseitig befruchtende Tier- und Pflanzengemeinschaft.

Diese größere Vielfalt von Fauna und Flora ist wiederum Indikator (= Anzeiger) für eine verbesserte Umwelt, die uns selbst, unseren Pferden und anderen Haustieren erheblich zugute kommt! Jeder, der ein Stück Land bewirtschaftet – ob Weide, Garten, Acker, Wald oder »Ödland« – kann auf diese Weise einen sehr wirksamen Beitrag zum Umweltschutz leisten!

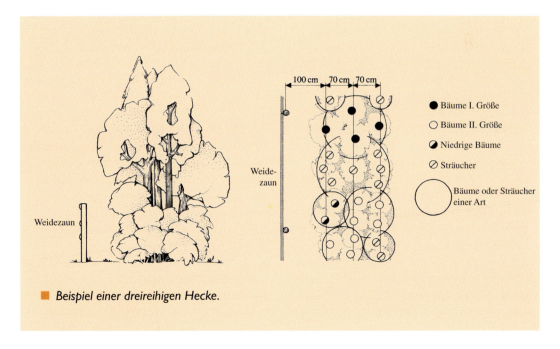

Beispiel einer dreireihigen Hecke.

Weide-Installationen

HECKENPFLANZEN[1)2)]

Für alle Standorte	Primär feuchte Standorte	Primär trockene Standorte	Speziell für Vögel (für alle Standorte)
Wildapfel (Malus communis)	Roter Hartriegel (Cornus sanguinea)	Gemeine Felsenbirne (Amelanchier ovalis)	Wilde Brombeere (Rubus fructicosus)
Kornelkirsche (Cornus mas)	Ohrweide (Salix aurita)	Sanddorn (Hippophae rhamnoides)	Eingriffeliger Weißdorn (Crataegus monogyna)
Haselnuss (Corylus avellana)	Salweide (Salix caprea)	Wildbirne (Pyrus achras)	Gemeiner Kreuzdorn (Rhamnus catharticus)
Rote Heckenkirsche (Lonicera xylosteum)	Korbweide (Salix viminalis)	Weinrose (Rosa rubiginosa)	Bibernellenrose (Rosa spinosissima)
Hundsrose (Rosa canina)	Gemeiner Schneeball (Virburnum opulus)	Wolliger Schneeball (Viburnum lantana)	Schlehe (Prunus spinosa)

1) Die Tabelle enthält nur die gebräuchlichsten Heckenpflanzen, soweit sie nach dem Fressen in kleinen Mengen keine starke Unverträglichkeits-/Giftwirkung erzeugen. In größeren Mengen gefressen sind Risiken nie auszuschließen, weshalb die Erreichbarkeit für Pferde (auch zum Schutz der Pflanzen) besonders bei knappem Weidebewuchs weitgehend ausgeschlossen sein sollte.

2) Als Mittelpflanze bei mehrreihigen Hecken oder als optische Ergänzung zu Hecken oder auch als Solitärbäume eignen sich Feld-Ahorn (Acer campestre), Hainbuche (Carpinus betulus) und Grau-Erle (Alnus incana) sehr gut. Die Wuchshöhen (nach 25 und mehr Jahren) sind unterschiedlich, etwa maximal 15 bis 25 Meter hoch.

Weide-Witterungsschutz

Witterungsverträglichkeit

Gesunde, nicht geschwächte und nicht total verschwitzte, zudem gut genährte und alltäglich witterungsgewohnte Pferde können ihre Körpertemperatur sehr gut den Umweltbedingungen anpassen. Deshalb stellen selbst extreme Witterungseinflüsse, soweit sie nur kurzzeitig einwirken (z. B. typische Tage im April mit einem Wechsel aus Regenschauer und wärmendem Sonnenschein), für gesunde Pferde kein besonderes Problem dar. Pferde lieben auch durchaus den Wind, wenn er aber – verbunden mit anhaltender Nässe und Kälte – eine bestimmte Intensität überschreitet, suchen sie Schutz. Vernünftige »Robusthaltung« hat dort ihre Grenze, wo der Übergang von dosierter Abhärtung zu Schwächung und Unwohlsein beginnt.

Je nach Rasse und Alter, aber auch nach Nutzungszweck, gibt es Unterschiede im Schutzbedürfnis. Regelmäßig gerittene Pferde benötigen schon wegen des Schwitzens mehr »Wartung« und Schutz. Man sollte die Grenze der Robustheit erst gar nicht

Weide-Witterungsschutz

ausloten, sondern immer vorbeugend Schutz anbieten – natürlich ohne »Verhätschelung« und ständiges unmotiviertes Eindecken! Dennoch: Je hochblütiger ein Pferd, desto empfindlicher reagiert es speziell auf Witterungsunbilden mit starkem Wind, Dauernässe und Kälte. Trockene Kälte allein ist dagegen auch für Vollblüter, Vollblutaraber und Warmblüter oder auch Andalusier aus südlichen Gefilden nichts besonders Unangenehmes, wenn sie dem Jahresverlauf entsprechend daran gewöhnt werden!

■ *Für Weidepferde, die ganztägig grasen (z.B. Stutengruppen mit Fohlen) sind große, dreiseitig geschlossene Weide-Offenställe obligatorisch.*

Weideschutzhütte und Weidestall

Eine einfache, einräumige Weideschutzhütte (oder im Einzelfall auch ein mehrräumiger Weidestall, z. B. für Zuchtpferde, für die man u. a. eine große Abfohlbox bereithalten muss) ist grundsätzlich notwendiger Bestandteil einer pferdegemäßen Umwelt, wenn die Tiere halb- oder ganzjährig ausschließlich oder nahezu ständig auf der Weide leben. Auch die so genannten Leitlinien zur Pferdehaltung (1995 herausgegeben vom Bundeslandwirtschaftsministerium in Berlin) begründen eine Notwendigkeit zum Schutzhüttenbau.

Diese Notwendigkeit wurde auch gerichtlich gefordert (Verwaltungsgericht Göttingen, AZ.: 1 A 1320/99). Das sollte der Hobby-Pferdehalter gegenüber Behörden, die seine Schutzhütte in der Regel genehmigen müssen, betonen. Die Hütte (bzw. der Weidestall) hat den Pferden vorbeugend Schutz zu bieten – auch gegen extreme Hitze, sommerliche Insektenplage, Frühjahrs- und Herbst-Dauernässe sowie sehr starken Frost.

Die Besonderheit eines Weidestalles besteht – im Unterschied zur »normalen« einfachen Schutzhütte – nur darin, dass sie großflächiger ist, weil aufgrund der jeweiligen Haltungsanforderungen mehrere Funktionsbereiche untergebracht werden müssen: ein offener Unterstand (so wie die Schutzhütte es alleine auch bietet), eine Abfohlbox sowie ein Geräte-, Vorrats- und Aufenthaltsraum, den man zur Geburtsüberwachung nutzt.

Für Weideställe von Nichtlandwirten werden sich im Regelfall Genehmigungsprobleme einstellen. Hier ist es Sache richtiger Argumentation, die Haltungsanforderungen, vornehmlich für Zuchtpferde, genau darzulegen und zu begründen, warum diese Funktionsbereiche des Weidestalles erforderlich sind und eine einfache Schutzhütte nicht ausreicht.

Vor allem muss begründet werden, warum der Weidestall nur auf der Weide und nicht etwa im Dorfgebiet oder anderswo erforderlich ist. Man bedenke, dass Mitarbeiter bei Behörden (Bauordnungs- und Landschaftsschutzämter) nicht zwangsläufig Pferdehaltungsspezialisten sind, weshalb detaillierte Gespräche und schriftliche Begründungen enorm wichtig sind.

Behörden bedienen sich zur Beurteilung solcher Bauanträge des Sachverstands der Landwirtschaftskammern. Leider fehlt bei Kammern vielfach noch das Verständnis für die Belange solcher Pferdehalter und -züchter, die keine Profilandwirte sind, obwohl auch die private Pferdehaltung eine ord-

Weide-Installationen

> ▶ **Wichtig**
>
> Vernünftige »Robusthaltung« hat dort ihre Grenze, wo der Übergang von dosierter Abhärtung zu Schwächung und Unwohlsein beginnt.

nungsgemäße und zulässige Bodennutzung darstellt und Weideschutzhütten bzw. Weideställe eben aufgrund ihrer Eigenart und Zweckbestimmtheit nur auf einem Weidegrundstück errichtet werden können. Woanders sind sie halt sinnlos. Aber das muss erst einmal verständlich – eventuell mit Unterstützung eines Architekten oder Juristen – dargelegt werden.

Die Errichtung von Bauten auf der Weide sollte nur auf trockenem Baugrund, zum Beispiel auf einer Bodenerhebung, erfolgen. Nicht geeignet sind Geländemulden, denn dort staut sich die Luft, es ist stickig-schwül im Sommer und Oberflächenwasser findet keinen oder verzögerten Abfluss. Auch Bodennebel und Kälte sammeln sich dort – alles zusammen genommen, ergibt sich in Mulden ein ungesundes »Kleinklima«, das Pferde nicht mögen.

Nicht ungefährlich ist ein Bauplatz unter hohem Nadelholz wie Kiefern, Fichten und Tannen oder auch Pappeln. Bei Stürmen werden vor allem Flachwurzler häufig völlig unvorhersehbar entwurzelt oder abgedreht und können einen Stall zerstören oder stark beschädigen, die Tiere dadurch u. U. arg verletzen. Tiefwurzelnde Laubbäume am Bauplatz sind weniger bedenklich, da sie vom Herbst bis zum Frühjahr durch ihre entlaubten Kronen den Stürmen eine geringere Angriffsfläche bieten und standfester sind. Eine andere Frage ist die des möglichen Blitzeinschlags in umgebende Bäume oder gar in die Hütte selbst, wogegen man sich auf Weiden nie 100-prozentig schützen kann. Hier hilft, wenn man technisch besonders »pfiffig« vorgehen will, nur eine freistehende Schutzhütte, die vom Fachmann komplett mit umlaufendem Blitzableiter und entsprechender Erdung versehen wird.

Die Grundfrage, ob unbedingt eine separate Schutzhütte auf der Weide zu errichten ist, wird letztlich durch die Lage von Weideland und eigentlichem (Winter-)Stall bestimmt. Eine Schutzhütte ist meist nicht nötig, wenn Weide und Stall nahe beim Haus gelegen sind. Das ist für alle diejenigen, die heute Pferde und Weide selbst versorgen, natürlich überhaupt die praktischste Lösung, erspart sie doch Risiken, Mühen und zusätzliche Kosten sowie Behördengänge. Ganz abgesehen davon, dass viele sich gerade den ständigen Kontakt mit dem Pferd beim Haus so sehr wünschen.

Unbedingt ist eine separate Schutzhütte aber zu errichten, wenn der eigentliche Stall zwar beim Haus, die Weide jedoch weiter entfernt davon liegt. Darauf kann verzichtet werden, wenn die Weide nur stundenweise als Sommerweide genutzt wird und die Pferde stets bei anhaltend unzuträglicher Witterung wieder zum Stallbereich geholt werden. Ist aber andererseits im Sommer auf dieser Weide die Bremsenplage groß, sollte dennoch eine Schutzhütte zur Verfügung stehen.

Zu berücksichtigen ist zusätzlich, dass jedes Anweiden im Frühjahr auf Weiden, die weit entfernt vom eigentlichen Stallbereich liegen, dann problematisch wird, wenn die Schutzhütte nicht zusätzlich mit einem kleinen (Sand-)Paddock umgeben ist. Man muss sonst, wenn kein Paddock vorhanden ist, die Pferde mehrmals am Tag wieder zurück in den heimischen Stall holen. Ist ein Paddock auf der Weide aber vorhanden, kann man Pferde dort zeitweise bei Strohvorlage auch einmal einsperren, damit sie nicht zu üppig

Weide-Witterungsschutz

Gras aufnehmen. Auch kleine Sandpaddocks sind grundsätzlich im Außenbereich genehmigungspflichtig.

Auch für Ungeübte ist der Eigenbau einer Schutzhütte möglich. Eine einfache Schutzhütte hat nur drei Wände und ist bei einfachster Konstruktion mit einem Pultdach (= Flachdach) aus Brettern mit Teerpappe oder Schindeln gedeckt. Die offene Seite (möglichst eine Längsseite) ist nach der dem Wind am wenigsten ausgesetzten Richtung orientiert. Das ist meistens Süden oder Südosten – niemals (oder nur in absoluten Ausnahmefällen) der Westen, die Wetterseite! Liegt die offene Seite gen Westen, muss sie mit handelsüblichen Kunststoffstreifen (die sich teilen und durch die Pferde gehen können) einigermaßen wind- und wetterdicht verschlossen werden.

Das Dach ist zur Rückwand leicht geneigt, so dass Regenwasser dort in eine Regenrinne abfließt – und nicht etwa zur offenen Seite hin, so dass dann, wie man das tatsächlich schon mal sehen kann, die rangniederen Tiere unter der Traufe stehen oder Pferde beim Aufsuchen des Stalles unweigerlich stark durchnässt werden, wenn keine Dachrinne angebracht wurde. Die Materialkosten für eine zweckmäßige, aber einfache Schutzhütte von 20 qm aus Nut- und Federbrettern, Kantholzstützen und Teerpappe-Flachdach für zwei Großpferde belaufen sich auf etwa 1.500 Euro.

Weidezelte und fahrbare Schutzhütten

Eine mehr oder weniger »provisorische« Möglichkeit, für Schutz auf Weiden zu sorgen, ist das Aufstellen von Weidezelten. Diese sind grundsätzlich genehmigungsfrei. Ein Zelt bietet sich an, wenn man Weideparzellen nur kurzzeitig für eine Saison nutzen darf (z. B. auf zukünftigem Baugelände). Man muss die Statik beachten, damit bei Sturm nicht alles weggeweht wird. Es verbieten sich Weidezelte, wenn man z. B. Ekzemer in der Pferdegruppe hält, die sich ständig an den Zeltstangen scheuern und dadurch die Konstruktion in kurzer Zeit zerstören können.

Durchaus sinnvoll sind fahrbare Weideschutzhütten, die – so sie auf Dauer aufgestellt werden – keinesfalls genehmigungsfrei sind. Oft werden sie von Behörden zwar toleriert, aber man sollte sich auf Zusagen des Herstellers nie »blauäugig« verlassen. Zum Ziehen eignen sich Allradfahrzeuge oder Traktoren, wobei man beim Befahren öffentlicher Straßen auch immer auf die Zulassungsvorschriften nach den geltenden Straßenverkehrsgesetzen achten muss.

■ *Pferde müssen nach eigenem Belieben auf der Weide Schutz finden können; dazu dient eine einfache Schutzhütte, die der Pferdegröße angepasst sein muss (abgebildet ist eine Schutzhütte für zwei Islandpferde).*

Ställe und Paddocks

Stallbau

Planung

Während Weideschutzhütte oder Weidestall immer direkt auf dem Weidegrundstück gebaut werden und durchweg nur minimale Räumlichkeiten in einfacher Bauweise aufweisen, können umfangreichere und massivere Stallanlagen entweder am Weiderand oder auf einem anderen Grundstück gebaut werden – wenn dafür die bau- und planungsrechtliche Zulässigkeit gegeben ist. Bei der konkreten Ausführungs- und Raumplanung eines Stalles ist (neben den rechtlichen Voraussetzungen, die immer zuerst zu klären sind) vor allem eines zu berücksichtigen: Die Erfahrung zeigt, dass Anzahl und Art der Pferde wechseln, je nach den sich wandelnden Wünschen der Besitzer und deren Familien.

Der Stall muss also Anpassungsmöglichkeiten bieten, nicht nur an die Zahl der gehaltenen Tiere, sondern auch etwa an die nicht immer gleichen Bedürfnisse unterschiedlicher Pferde. Deshalb soll hier ein Stall gezeigt werden, der mit verhältnismäßig wenig Aufwand schnell jedem zukünftigen Veränderungswunsch angepasst werden kann. Die Wandelbarkeit des Stalles, die auch nachträgliche Anbauten erlaubt, ist sowohl in Holzkonstruktion als auch in Massivbau möglich. Für Offenställe hat sich die Holzbauweise besonders bewährt. Es ist auf jeden Fall anzuraten, sich vor dem Bau eines Stalles ausgiebig zu informieren. Unter Architekten und Handwerkern wird man nur selten Spezialisten finden, denen die Erfordernisse von Pferdeställen, gar Offenställen, geläufig sind.

Grundriss

Der Grundriss (siehe Grafik auf Seite 101) ist für zwei oder (mit Erweiterung zur Seite) mehr Pferde, und zwar jeglicher Rasse, anwendbar. Er gewährleistet Übersichtlichkeit und damit gute Beobachtungsmöglichkeit.

Für anfallende Arbeiten im Stallbereich werden kurze Wege erträglich, was auch das Sauberhalten erleichtert. Deshalb sollte die Länge des Stalles nicht übertrieben werden. Gegebenenfalls gruppiert man die Ställe dann besser in L- oder U-Form: Öffnungen primär nach Süden. Die erforderliche Stall-Grundfläche für jedes mittelgroße Pferd von etwa 1,50 m Stockmaß beträgt (letztlich im Einzelfall immer abhängig von der Größe der gehaltenen Rassen) zehn Quadratmeter – besser 50 % mehr. Diese Flächengröße je Tier ist als Mindestfläche zu berücksichtigen, egal ob man nun den Stall ganz oder teilweise in Einzelboxen aufteilen oder ganz oder teilweise als geschlossenen Laufstall einrichten will. Sie ist unbedingt nötig, damit die Pferde in jedem Fall ihren »Individualabstand« entsprechend der Rangordnung einhalten können.

Besonders bei der Fütterung, zum Wälzen und Liegen ist Platz erforderlich. Bei zu geringem Platz kommen immer die Rangniederen und Schwächeren zu kurz, also gerade diejenigen, die gute Pflege und Futter wirklich zusätzlich nötig haben. Nur bei einem Offenstall, den die Tiere jederzeit beliebig aufsuchen und verlassen können, der also keine geschlossenen Türen hat, kann man mit 20 % weniger Stallfläche als angegeben (aber auch nur bei wirklich verträglichen Gruppen!) auskommen.

Die Grafik auf Seite 102 zeigt herausnehmbare Trennwände, die nützlich sind, um den Stall an andere, wechselnde Erfordernisse anzupassen (z. B. Laufstall oder Boxen).

Zwischenwände

Diese herausnehmbaren Zwischenwände sollten nach Möglichkeit nur halbhoch (etwa 1,30 bis 1,50 m) sein, damit die benachbarten Pferde Sozial-Kontakte aufnehmen können. Eine Höhe von etwa 1,80 bis 2,00 m reicht bei mittelgroßen bis großen Pferden (Haflingergröße bis Großpferd) aus, um z. B. Rangeleien unter Neuankömmlingen zunächst zu vermeiden; für kleinere Rassen entsprechend niedriger. Sie sind am einfachsten durch stabile Stangen von 10 bis 12 cm Durchmesser in Abständen von etwa 30 bis 35 cm anzubringen; die unterste Stange 30 bis 35 cm über dem Boden.

Bei Dauer-Boxen, die vielleicht nur selten einmal geändert werden sollen – oder wo es aus den unterschiedlichsten Gründen auf eine nachhaltigere Abtrennung ankommt, schiebt man 30 bis 40 mm starke Bretter (z. B. so genannte Gerüstdielen aus dem Bauholzhandel) ohne Zwischenräume ein, die aber auf halber Länge nochmals durch senkrechte Kantholzstützen aus Sicherheitsgründen beidseitig abgesteift werden sollten. Sowohl die Stangen als auch die Bretter

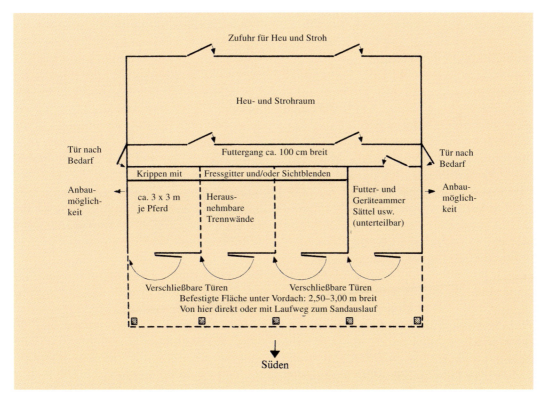

■ *Grundriss eines Stalles.*

Ställe und Paddocks

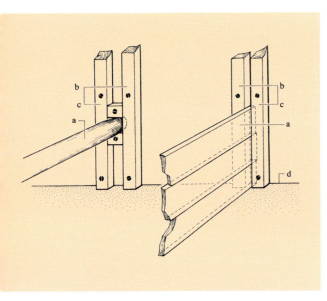

■ *Herausnehmbare Trennwände. Links Trennwand mit Stangen; rechts mit Brettern. a: Stangen (10–12 cm Durchmesser) beziehungsweise Bretter (3 cm stark). b und c: Dachlatten (4 x 6 cm). d: Boden. Bei der Bretterwand liegt das unterste Brett auf dem Boden auf (das ist die beste Lösung), während bei der Stangen-Abtrennung die unterste Stange 30–35 cm über dem Boden eingelegt wird.*
Die Latten b und c sind in beiden Fällen auf einer Seite festgeschraubt oder -genagelt. Auf der gegenüberliegenden Seite wird zunächst nur die Latte b befestigt. Dann werden die Stangen bzw. die Bretter reingehoben, danach die Latte c festgeschraubt. Sollen die Trennwände entfernt werden, ist es nur nötig, die Latte c abzuschrauben.

lassen sich ohne besonderen Aufwand ein- und ausmontieren und raumsparend wegpacken, wenn sie nicht gebraucht werden.

Box, Laufstall, Offenstall

Ein »Durcheinanderwürfeln« von unterschiedlichen Rassen, Altersgruppen und Neuzugängen bringt immer viel Unruhe und Rangordnungs-Streitigkeiten mit sich, die man nur durch geeignete Gruppierung oder zunächst durch Einzelboxen verhindern kann. Entsprechende Trennungen müssen gegebenenfalls zunächst auch auf den Weiden vorgenommen werden. Bei genügend Fläche mit Ausweichmöglichkeiten wird das weniger schwierig sein. Nach Möglichkeit sollen Gruppen immer gerade Zahlen aufweisen, weil dies das paarweise Zusammenfinden und die Bildung von Freundschaften erleichtert; es bleibt so kein ausgestoßenes Einzeltier übrig. Auch bei der etwa notwendigen Separierung eines erkrankten Tieres bietet die Einzelbox Vorteile. Bei einer Umwandlung der Einzelboxen zum Laufstall für eine Gruppe von Pferden sind die vielen Türen günstig. Sind sie geschlossen, können die Tiere im Laufstall aus der oberen, offenen Klappe herausschauen. Bei geöffneten Türen (dann wird aus dem »Laufstall« ein »Offenstall«!) kann keines dem anderen den Weg in den Stall oder heraus blockieren, da es etwa so viele Türen wie Pferde gibt.

Die lichte Höhe der Stallräume sollte für mittelgroße Pferde 3,00 m nicht unterschreiten (für Großpferde sind 3,50 m Innenhöhe angebracht). Damit steht den Pferden auch dann noch genügend Luftraum zur Verfügung, wenn sie sich zur Zeit der Insektenplage und großer Hitze stundenlang im Stall aufhalten, meistens sich dabei zusammendrängend, um die Insekten mit ihren Schweifen gegenseitig abzuwehren.

▸ Fenster zum Öffnen und Schließen sind bei Offenställen nicht erforderlich. Es genügen Lichtbänder aus Drahtglas oder durchsichtige Kunststoffplatten. Sie können an allen Außenwänden angebracht werden, möglichst aber hoch, in etwa 2,00 m Höhe.

▸ Stalltüren müssen nach den Bauvorschriften sich immer nach außen öffnen. Die

Stallbau

Türen teilt man in Obertür und Untertür, so dass beim Aufenthalt der Pferde im Stall die obere Hälfte offen bleiben kann (wie bei typischen Reihen-Außenboxen).

Die untere Türhälfte darf nicht zu niedrig sein, sie sollte in ihrer Höhe der Pferdegröße angepasst werden, damit sie nicht übersprungen wird. Die Untertür ist daher immer höher als der obere Teil – ausgenommen bei sehr kleinen Ponys. Bei Großpferden kann die Untertür etwa 1,45 m hoch sein. Die Türbreite sollte generell zwischen 0,90 m und 1,00 m betragen, damit man bequem auch mit der Schubkarre ein- und ausfahren kann (für sehr große Pferde und trächtige Stuten wären besser 1,20 m Breite ratsam).

Immer müssen für geöffnete Türen (sowohl für die Ober- als auch für die Untertür) stabile Befestigungsvorrichtungen (z. B. massive »Sturmhaken«) so angebracht werden, dass keine Verletzungen (z. B. beim Scheuern der Pferde) zu befürchten sind. Einfache und zu dünne Haken können sich schnell lösen. Am sichersten sind Karabinerhaken oder spezielle Knebel.

Die Möglichkeit, die Türen völlig zu schließen, hat große Vorteile:
▸ Man kann jedes Tier im Bedarfsfall sicher im Stall halten: zum Beispiel bei Lahmheit und sonstigen Krankheiten oder auch wenn es sehr verschwitzt ist und nachtrocknen muss.
▸ Auch kleine Fohlen, die zeitweise von der Mutterstute getrennt werden (z. B. zur Vorbereitung auf das Absetzen), sind auf diese Weise sicher untergebracht; in solchen Fällen muss auch die Obertür geschlossen werden, damit das Fohlen beim Versuch, die untere Türhälfte zu überspringen, nicht hängenbleibt und sich verletzt.

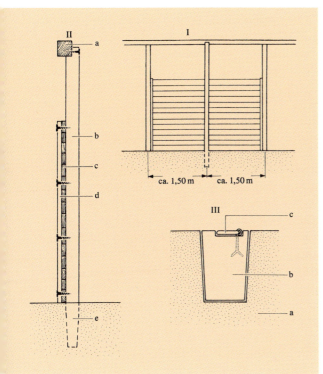

■ *I. Seitenansicht mit herausnehmbarer Versteifung. Die Versteifung ist notwendig, um ein Durchbiegen der Bretter zu verhindern, wenn Pferde dagegendrücken.*
II. Die Absteifung im Detail. a: Sparren oder Deckenbalken, an dem die Absteifung angeschraubt wird. b: Stangen von 12–15 cm Durchmesser. c. Bretterwand. d: Brett oder Latte (3–4 cm stark), womit die Bretter an der Absteifung verschraubt werden. 3 bis 4 Schrauben genügen, die ca. 5 cm tief in die Absteifung reichen müssen. e: Bei gewachsenem Boden wird die Stange ca. 40–50 cm tief eingegraben.
III. Bei befestigtem Boden wird die Stange in das passend ausgeparte, etwas konische Loch (a) eingesetzt. Wird bei Entfernen der Trennwand die Stange herausgenommen, wird der passende Betonklotz (b) in das Loch eingesetzt. Der eingelassene, eingetiefte Ring (c) erleichtert Einsetzen und Herausnehmen des Betonklotzes.

Ställe und Paddocks

Be- und Entlüftung

Gute Be- und Entlüftung (ohne ständigen Durchzug) sollte unbedingt auch bei zeitweise geschlossenem Stall möglich sein. Eine Reihe kleiner Löcher von zwei bis drei cm Durchmesser etwa alle 20 cm unten in den unteren Türhälften und größere Löcher von zehn cm Durchmesser in der Wand über den Türen, direkt unter der Decke, werden dafür angebracht. Alle diese Lüftungslöcher dürfen nur auf der Türenseite vorhanden sein. Hier sind auch im Bedarfsfall Fenster zum Öffnen vorzusehen. Man kann auch hoch oben in der Boxenwand sitzende Lüftungsklappen gegenüber den Eingängen anbringen, um bei großer Hitze (aber nur dann) für leichten Durchzug sorgen zu können. Der Bedienungsmechanismus muss aber so montiert sein, dass Pferde die Klappen nicht selbst »spielend« betätigen können. Bei Wind und kalter Witterung darf das Schließen nicht vergessen werden!

Statik

Die Pfosten und Wände (beziehungsweise sämtliches Holzwerk) sollten von vornherein nicht zu schwach oder gerade ausreichend, sondern sehr stark dimensioniert sein. Die Mehrkosten machen sich in wenigen Jahren bezahlt. Schwach gebaute Hütten und Ställe gehen nach wenigen Jahren zu Bruch. Im übrigen richten sich Stärke und Art der Konstruktion auch nach der Form des Gebäudes und dem Bedachungsmaterial, ferner danach, ob ein Vordach freitragend ist oder auf Pfosten ruht. Das alles muss letztlich ein Statiker oder – bei Holzkonstruktionen – Zimmerermeister begutachten und für größere Bauvorhaben als »Statik« behördenreif schriftlich als Anlage zum Bauantrag verfassen. Die stützenden Pfosten werden wenigstens 12 x 12 cm oder stärker sein. Wandverschalung außen zwei cm stark, innen bis zu einer Höhe von 1,40 bis 1,60 m mindestens zweieinhalb cm; über dieser Höhe genügen wieder zwei cm. Diese Doppelverschalung hat den Vorteil weitaus besserer Sauberhaltung des Stallinneren und größerer Stabilität der Ställe!

> **Wichtig**
>
> Vor drohendem Sturm sollten rechtzeitig alle Türen, Klappen und Fenster fest geschlossen werden. Jede Öffnung kann sonst einen ungeheuren Sog entstehen lassen, der große Zerstörungen anrichtet (aufgerissene Dächer u. Ä.).

Isolierung

Für empfindlichere Pferde (z. B. »ältere Semester«) kann zwischen den Schalungen eine Isolierung angebracht werden; sie wirkt temperaturausgleichend.

Auf keinen Fall sollte man die sehr geringen Mehrkosten einer Deckenisolierung scheuen. Man kann sie mit preiswertem Material selbst anbringen, etwa Poresta- oder Kunststoffplatten (drei bis fünf cm stark) oder so genannte finnische Dämmplatten. Besser ist immer das stabilere Material. Nicht isolierte Decken tropfen im Winter, man hat schnell ein feuchtkaltes Stallklima. Im Sommer herrschen oft in der Mittagshitze ohne Deckenisolierung im Stall geradezu tropische Temperaturen (gemessen wurden z. B. vorne in einem völlig offenen Unterstand bis zu 40° C und in der daneben liegenden deckenisolierten offenen Boxe nur etwa 26° C).

Vordach

Komfortabel für Mensch und Pferde ist ein Vordach. Wer einmal ein Vordach an seinem Stall hat, wird es nie mehr missen wollen. Es erweitert den Stallraum, denn es stellt quasi einen zusätzlichen trockenen, schattigen Unterstand dar. Auch diese begehrten

Stallbau

■ *Zweckmäßig sind Ställe mit Vordächern, die einen zusätzlichen Unterstellbereich zum Schutz vor Sonne und Regen ergeben.*

Plätze werden nach Rangordnung vergeben, es muss also Raum genug sein, damit alle Pferde den Schatten spendenden und dennoch luftigen »Schirm« gleichzeitig benutzen können. Im Sommer, bei beständig warmem Wetter, kann man dann die Boxentüren schließen, um Einstreu zu sparen – vorausgesetzt, dass die Pferde Tag und Nacht entweder Weidegang haben und draußen liegen können oder einen angrenzenden Sandauslauf als Liegefläche nutzen können. Dieser Platz unter dem Vordach sollte nämlich befestigt sein, denn dies erleichtert das Sauberhalten sehr, ebenfalls das Entmisten der Ställe. Er eignet sich deshalb nicht als Liegeplatz und bietet bei scharfem Wind und Kälte auch keinen umfassenden Schutz.

Anstriche

Für Imprägnierungsanstriche im Stallinnern sollte man keinesfalls das inzwischen nicht mehr zulässige (aber im Ausland noch vertriebene) Carbolineum oder gar Holzteer und Holzteeröl einsetzen. Diese Mittel sind nur noch für Telegrafenmasten zulässig. Die Ausdünstungen solcher Anstriche belasten die Atmungsorgane der Pferde extrem stark; bei Carbolineum zum Beispiel halten sie monatelang an! Das Gleiche gilt für Markenprodukte, die für Außenanstriche vertrieben werden. Man lasse sich im Malerfachgeschäft oder im Landhandel unter ausdrücklichem Hinweis auf die Empfindlichkeit der Pferdelunge vor Kauf von Imprägniermitteln aktuell beraten. Besonders für Innenräume sehr zu empfehlen sind Bio-Produkte unterschiedlicher Hersteller.

Für Außenanstriche gibt es ebenfalls Bio-Mittel. Doch streicht man auch diese tunlichst nicht bei Hitze und unter Sonnenbestrahlung, das kann zu Unwohlsein führen. Es gibt natürlich zahlreiche Imprägnierungsmittel, die für Außenanstriche geeignet sind, aber dennoch langwierige unangenehme Ausdünstungen (auch beim Streichen!) entwickeln. Bei Anstrichen der Metallteile (sofern nötig) ist ebenfalls auf Ungiftigkeit des Materials zu achten. Man bedenke, dass Pferde aus Langeweile nicht selten auch an Metallteilen lecken oder mit den Frontzähnen »nagen«. Deshalb auch der Rat: Vermeiden Sie überall scharfkantige, vorstehende Metallteile, zum Beispiel ungeeignete Türverschlüsse, Haken, Ösen, Bolzenköpfe oder hervorstehende Nägel und nicht versenkte Schraubenköpfe. Für verputzte Wände ist am einfachsten, weil billig und zweckmäßig, der altbewährte Kalkmilch-Anstrich. Man frage danach einen Malermeister, der die Mischung zusammenstellt.

Ställe und Paddocks

▸ Feuerschutz

Dass in und um sämtliche Ställe Sicherheitsmaßnahmen gegen Feuer aufs Genaueste einzuhalten und regelmäßig zu kontrollieren sind, kann gar nicht genug betont werden. Insbesondere Kinder und Jugendliche, die sich oft spielerisch in Stallanlagen aufhalten oder durchaus sinnvoll zu Haltungsarbeiten beitragen, müssen vorsorglich und unmissverständlich über alle Gefahren belehrt werden.

Zu beachten sind folgende Punkte:

▸ Stalltüren müssen ausnahmslos nach außen zu öffnen sein, die Mindestbreite darf nicht unterschritten werden.

▸ Schalter, Steckdosen, Leitungen und Lampen sind außerhalb der Reichweite der Pferde zu installieren und gegebenenfalls sicher zu verkleiden (bei der Elektroinstallation muss immer zur Sicherheit ein so genannter Fehlerstrom-/FI-Schutzschalter eingebaut sein).

▸ Feuerlöscher sind trocken und griffbereit (vor den Pferden gesichert) aufzuhängen und regelmäßig zu warten.

▸ Ordnung und Sauberkeit ist im gesamten Stallbereich einzuhalten, d. h., keine herumliegenden Gerätschaften; auch Spinnweben sollte man weitgehend beseitigen, denn sie leiten Feuer blitzschnell weiter.

▸ Stallhalfter müssen stets sofort auffindbar und für jeden Helfer griffbereit sein.

▸ Bei Heulagerung ist stets die Kontrolle auf Selbsterhitzung in den ersten Wochen obligatorisch einzuhalten (besteht Verdacht auf Erhitzung, weil das Heu etwas zu »frisch« eingefahren wurde, stellt die Feuerwehr Spezialthermometer zur Verfügung).

▸ Striktes Rauchverbot in Ställen, Heu- und Strohlagern; nirgendwo im Stallbereich darf eine offene Flamme ohne Aufsicht und vorsorgliche Schutzmaßnahmen entzündet werden, deshalb besondere Vorsicht beim Schweißen oder Löten, beim Ausbessern des Stalldaches mit Gasbrennern (zum Verkleben der Teerpappe), beim Einsatz von Winkelschleifern; auch Zurückhaltung im Gebrauch von Petroleum- und Gaslampen (auch mit Heizgeräten aller Art sowie Ventilatoren sollte wegen der Überhitzungsgefahr sorgsam umgegangen werden).

▸ Kein Lagern von Brennstoffen (z. B. Benzin für den Rasentraktor) oder brennbaren Reinigungsmitteln, Lacken usw. im Stall- und Scheunenbereich.

▸ Vorsicht beim Kochen oder Grillen (bei »Stallfesten«) und Wohnen (z. B. zur Geburtsüberwachung) im Stallbereich.

Einstreu

Welche Art Einstreu auch immer gewählt wird, zur Sauberhaltung der Ställe gehört unbedingt das tägliche Entfernen des Kotes. Trotz regelmäßiger Wurmkuren würden sich sonst die Pferde sofort immer wieder neu stark infizieren, denn infektiöse Wurmstadien, z. B. Larven, bohren sich in die Haut liegender Pferde oder kriechen Wände hoch und werden dort z. B. abgeleckt. Auch das Ruheverhalten wird durch ständige Verkotung der Flächen gestört.

Als gleichzeitige Einstreu in einfachen Weideschutzhütten, die lediglich in den Sommermonaten Schutz bieten sollen, genügt bei kleinen Pferdebeständen und vorhandenem sandigen Oberboden dieser gewachsene Naturboden, wenn alles sehr gut gepflegt wird. Allerdings können besser Mauersand und Sägespäne im Gemisch als Einstreu auf jeden gewachsenen Boden aufgebracht werden. Besonders ist das erforderlich bei Lehmböden.

Wenn aber nicht regelmäßig der Kot und die vom Urin durchfeuchteten Stellen in einer Schutzhütte entfernt werden, entstehen Morast, Gestank und zusätzlich bei Wärme eine ungeheure Fliegenplage. Das ist unhygienisch, für Pferde lästig – und dadurch wäre der Zweck der Hütte »für Schutz zu sorgen« dann verfehlt.

Es müssen demnach täglich in jeder Art von Ställen Reinigungsarbeiten mit Einstreupflege und -ersatz vorgenommen werden. Die Boxen der Laufställe sind gegen alle Witterungseinflüsse geschützte Ruhe-, Liege- und Futterplätze. Vor allem stark genutzte Pferde mit hohem Ruhebedarf brauchen solche Plätze, die trocken und sauber sowie immer mit elastischem, saugfähigem Material eingestreut sein sollten. Doch leider zeigt die Praxis noch allzu häufig das Gegenteil. Man kann es nur als Tierquälerei bezeichnen, wenn aus Sparsamkeit oder Gedankenlosigkeit, manchmal geradezu aus Faulheit selbst einstreulose Haltung auf Beton oder ähnlich festem Grund praktiziert wird. Das führt am Ende zu einer naturwidrigen, verschleißenden Belastung der Sehnen, Bänder und des Knochengerüstes. Elastische, synthetische Fußböden oder -beläge werden z. B. als Stallmatten angeboten. Sicherlich sind sie hervorragend für Stallgassen und Vorplätze und auch unter dem »Schirm« eines Vordaches geeignet. Innerhalb der Ställe sind sie aber ohne saugfähige Einstreu als Ruheplätze zum Liegen abzulehnen.

Manche »altmodischen« Gepflogenheiten – wie das Einstreuen – sind in der Pferdehaltung eben nicht ersetzbar. Sägemehl, Sägespäne oder auch im Handel angebotenes Holzgranulat (alles nur von ungiftigen Weichhölzern!) bilden eine elastische, saugfähige, geruchsbindende und deshalb bei Sauberhaltung auch kaum Fliegen anziehende Unterlage.

Hobelspäne von Weichholz sind dagegen sehr viel gröber und daher weniger saugfähig, dennoch als oberste Schicht der Einstreu durchaus geeignet. Manche Pferde

■ *Stroh als bestes Einstreumaterial sollte trocken und griffig (nicht weich und klamm) sein und frisch strohig riechen; verschimmeltes Stroh ist ungeeignet!*

Ställe und Paddocks

kauen auch solche Hobelspäne, weshalb zur eigentlichen Sättigung und Kaubeschäftigung immer genügend Raufutter vorgelegt werden muss, damit nicht ersatzweise übermäßig viel von solchem Holzmaterial, das Verstopfungen verursachen könnte, gefressen wird.

Die traditionell beste und wärmste Wintereinstreu ist und bleibt Stroh, welches als Mist auch viel idealer als Späne zur Kompostierung geeignet ist. Auf einer saugfähigen Unterlage aus Sägemehl bzw. Sägespänen macht Stroheinstreu bei weitem nicht soviel Mühe, wie manchmal behauptet wird. Der besondere Vorteil der Stroheinstreu besteht insbesondere auch darin, dass Pferde sich daraus nach eigenem Bedürfnis zur Beschäftigung rohfaserreiches Kaumaterial heraussuchen können. Das ist bei alternativen Einstreumaterialen wie Spänen usw. so nicht der Fall. Seit etwa zehn Jahren wird auch mit Hanfschäben, Flachs und weiteren alternativen Erzeugnissen wie Papierschnitzel erfolgreich eingestreut, womit durchaus auch sehr gute Einstreu- und Kompostierungsergebnisse zu erzielen sind. Die Frage stellt sich dabei einerseits nach den örtlichen Bezugsmöglichkeiten für diese Materialien, aber andererseits auch nach dem Fressverhalten der Pferde. In Ausnahmefällen kann z. B. Flachs- oder Hanffressen zu Verstopfungen führen (aber das kann übermäßiges Strohfressen ebenfalls bewirken).

Sand als Einstreu wurde bereits für Schutzhütten eingangs angesprochen, er ist zwar elastisch, aber eher kalt und nicht geruchsbindend, darum als alleinige Streu für Ställe, die im Winter benutzt werden, gar nicht zu empfehlen. Nasse Stellen gefrieren dann zu harten Klumpen. Es ist etwas anderes, wenn er als Unterschicht unter Sägemehl oder -spänen gebraucht wird.

▸ Bei Verwendung von Sand muss man sich aber im Klaren sein, dass Beimengungen hiervon bei der Kompostierung schädlich, weil bremsend wirken – und den erwünschten Kompostierungserfolg in der hier empfohlenen Art der Weidewirtschaft ganz oder teils zunichte machen können. Man sollte darauf achten (das gilt auch für das Sauberhalten der Auslauftretschicht aus Sand!), dass keine nennenswerte Menge Sand in den Komposthaufen gelangt. Das würde (neben zeitlichen Verzögerungen des Reifeprozesses) u. a. zu Vertorfungen und minderer Kompostqualität führen.

Tränke

Da das Wasserbedürfnis der Pferde sowohl im Sommer als auch im Winter stark schwankt, erfordert es unsere tägliche Aufmerksamkeit. Wasser muss immer – es sei wiederholt – reichlich in einwandfreier Qualität vorhanden sein. Auch dies ist ein trauriges Kapitel: Noch zu häufig wird das Wasserbedürfnis nicht genügend beachtet – oder die Behälter sind verschmutzt und das Wasser verdorben. Zum Wasserbedarf siehe Ausführungen ab Seite 78.

Im kalten Stall, der für Pferde immer erheblich gesünder ist als ein warmer, sinkt im Winter oftmals das Thermometer unter null Grad. Darum muss die winterliche Wasserversorgung gut durchdacht sein, damit die Pferde niemals Durst leiden. Am einfachsten ist die Versorgung mit einer beheizbaren Selbsttränke bei frostsicher verlegter Wasserzuleitung – wo immer dies technisch möglich ist. Ist Elektrizität auch für Offenställe verfügbar (z. B. durch Verlegung von abgesicherten Erdkabeln), können vom Elektriker frostsichere Selbsttränken und auch feuersichere Heizquellen für Wannen oder sonstige größere Behälter installiert werden. Sind weder Wasserleitung noch Stromanschluss einzurichten, muss man täglich mehrmals und auch abends heißes Wasser in die Tränkebehälter gießen; bei dieser einfachsten Methode bleibt das Wasser relativ lange eisfrei, aber es ist mühevoll und wird nur in Hausnähe praktikabel sein.

Sandauslauf

Der Sandauslauf ist Bindeglied zwischen Stall und Weide, dafür sollte er unmittelbar am Stall liegen. Er ist während der Zeit gesperrter Weiden einziger Ausweg für die Pferde, sich frei draußen zu tummeln. Wann die Weiden langfristig oder stundenweise gesperrt werden müssen, hängt sehr von der Örtlichkeit, der Höhenlage und dem Klima, den Bodenverhältnissen, den Weideflächengrößen und der Pferdenutzung ab. Völlige Winterruhe braucht jede Weide spätestens ab Dezember bis einschließlich März; im Bergland ist die Zeit der Weidesperre noch länger bis Mai anzusetzen.
Zum Ende der Weideperiode sollte die Aufwuchshöhe bei fünf bis acht Zentimetern liegen – nicht mehr und nicht weniger. Trittschäden durch nasse Bodenbedingungen im Herbst bzw. Winter führen zur Teilzerstörung der Grasnarbe.
Ausgewachsene Pferde aller Rassen, besonders solche der robusten, genügsamen Rassen wie Shetland, Isländer, Fjord und Haflinger, die meist als reine Freizeit-Wochenendpferde wenig tun müssen, neigen bei ständigem Weidegang häufig zur Verfettung und überzogener (auch leistungsmindernder) Quelligkeit. Deshalb darf man sie nur stundenweise grasen lassen – etwa vier bis sechs Stunden täglich, verteilt auf mehrere Zeitabschnitte; abends Raufuttergaben oder Schnittgras im Auslauf vorlegen. Ist die Weide gesperrt, bietet der Sandauslauf auch die Möglichkeit, beim Offenstall Schutz zu finden. Das ist besser als das ständige Einsperren in jedem geschlossenen Stall (Gemeinschaftslaufstall oder Box). Regelmäßige Bewegung und Beschäftigung durch Reiten,

■ *Selbsttränkebecken müssen massiv befestigt werden, um Unfälle zu vermeiden.*

Fahren oder Bodenarbeit sollte nicht fehlen – auch damit der Alltag nicht zu trist wird, denn Pferde lieben die Abwechslung.
Wenn schon (was häufig zu beobachten ist) die Weiden für die vorhandenen Tiere zu klein sind (= zu hohe Besatzdichte), müsste der Sandauslauf nach Möglichkeit eine Mindestgröße von 800 bis 1.000 qm für zwei bis vier Pferde haben. Dabei können Schatten spendende Baumbestände mit einbezogen werden. Schwächere, ungeschützte Bäume und Sträucher werden aber mit Sicherheit durch Verbiss vernichtet, wenn man sie nicht genügend durch Gatter usw. abschirmt. Ältere Bäume lassen sich mit starkem Maschendrahtgeflecht oder hohen Staketen lose um den Stamm schützen. Vorsicht allerdings vor Giftpflanzen, insbesondere vor Zierbäumen und -sträuchern in Auslaufnähe, die man besser rigoros ausmerzen sollte!
Für kleine Sandausläufe gilt Gleiches wie für kleine Weiden: Sie vermitteln den Pferden keinen Bewegungsanreiz. Man tut daher weder den Pferden noch sich selbst oder dem späteren Käufer einen Gefallen, wenn

Ställe und Paddocks

■ *Der Sandauslauf ist das Bindeglied zwischen Stall und Weide – und bietet Ruhe- und Bewegungsmöglichkeit, wenn die Weiden gesperrt werden müssen.*

man unter solchen kleinflächigen, arg beengten Bedingungen etwa züchtet und versucht, Jungtiere aufzuziehen. Teils können Flächenmängel durch sehr starke Beschäftigung mit den Pferden kompensiert werden, aber die Eigenbewegung, das Spielbedürfnis von Jungpferden auf größeren Flächen wird man so nicht ersetzen können.

Ein Auslauf muss nicht unbedingt eine gerade Begrenzung aufweisen, er kann durchaus in Bögen und um Ecken herum verlaufen, denn das ist abwechslungsreicher für die Pferde. Spitze Winkel sind dabei immer zu vermeiden, weil hierin leicht ein ängstliches, rangniederes Pferd verletzt werden kann, falls es in die Enge getrieben wird oder aus Angst sogar in den Zaun springt. Dass der Auslaufzaun nicht aus Stacheldraht bestehen darf, versteht sich eigentlich von selbst, soll hier nur zur Vollständigkeit nochmals erwähnt werden. Am zweckmäßigsten wird er in der gleichen Art und Weise errichtet wie der Weidezaun, am besten ganz aus Holz mit innerer E-Zaun-Absicherung, denn das ist sicher und auch optisch gefällig. Es sollte ferner in den Sandausläufen keinen Grasbewuchs geben, weil dieser Bewuchs ständig beknabbert wird, damit wird auch Sand aufgenommen – und selbst an diesen wenigen Gräsern haften die Wurmlarven. Meistens ist zwar in kurzer Zeit jeglicher Bewuchs zertreten und zunächst durch eine Sandauffüllung, die man einfach obenauf kippt, erstickt, aber es wachsen vor allem widerstandsfähige Queckengräser durch, wenn man nicht doch vorsorglich den Oberboden ganz auskoffert und beseitigt.

Auf schweren Böden werden diese Ausläufe (auch mit Sandaufschüttung) bei nasser Witterung sonst sehr schnell zu Morästen, wenn sie nicht ausgekoffert, drainiert, mit gröberem Material als Tragschicht und feinerem Material als Tretschicht aufgefüllt werden. Es eignen sich auch Kunststoffbodengitterplatten zur Auflage auf vorhandenem Boden (ohne Auskoffern) mit aufgefüllter oberer Sand-/Splitttretschicht.

▶ Je kleiner ein Auslauf ist und je größer die Anzahl der darin gehaltenen Pferde und je schwerer der Naturboden, desto notwendiger sind diese künstlichen Bodenaufbau-Maßnahmen.

Auf Sandböden muss ebenfalls (wenn man nichts auskoffern will) für Abzug des Wassers, wenigstens an der Oberfläche, gesorgt werden; eine Sandaufschüttung hält dort noch am ehesten längere Zeit vor.

▶ Unerlässlich für die Hygiene ist auch im Sandauslauf das tägliche Aufsammeln des Kotes! Je nach Anzahl der Tiere und Intensität der Nutzung des Auslaufes muss die Fläche wenigstens einmal, meistens aber dreimal täglich mit engzinkiger Bollengabel und Schubkarre gesäubert werden, da sonst die Tretschicht durch Verkotung arg leidet, sich Bodenporen zusetzen, was den Wasserabzug behindert und letztlich stellenweise ein Fäkalienmischmasch entsteht, weshalb dann bereits nach kurzer Zeit neuer Sand aufgefahren werden muss.

FÜTTERUNG

Raufutter und Kraftfutter

Pferde sind »Dauerfresser«, die grundsätzlich ständig etwas zu »knabbern« brauchen, sie haben ein stundenlanges Kaubedürfnis und sind erst satt, wenn sie ihre Kaumuskulatur ausreichend bewegt haben. Nach den Beobachtungen von Ingolf Bender (Praxishandbuch Pferdefütterung, Stuttgart 2000) legen frei lebende Pferde selten längere Fresspausen ein, maximal des Nachts oder in der Mittagszeit im Sommer vier Stunden. Nach seinen Angaben sind z. B. Karenzzeiten (= Pausen) von maximal acht Stunden nachts nicht zu überschreiten, da sonst u. a. Dickdarmbakterien »mangels Arbeit« absterben und Magen-Darm-Störungen mit Durchfällen folgen. Auch sind übermäßiges Knabbern an Stalleinrichtungen meistens die Folge zu langer Futterpausen. Das trifft besonders auf Ställe zu, die nicht fressbare Alternativeinstreu einsetzen, also kein Stroh vorlegen.

Deshalb muss Pferden so oft wie eben möglich Futter angeboten werden, möglichst noch spät am Abend und zeitig morgens in der Frühe. Bei freundlichem Wetter kann zu Zeiten der Weidesperrung Heu und Stroh im Sandauslauf gegeben werden (in einer Raufe oder auf einem Futtertisch aus Beton, Pflaster o. Ä.) Der Platz unmittelbar um die Raufen sollte auch im Sandauslauf befestigt werden. Bei Regen und Wind füttert man besser im Stall (in Boxen-Raufen oder im Laufstall-Fressgitter oder in separaten Fressständen), weil sonst zu viel zertreten und verweht wird. Futterneid tritt bei Heu- und Strohfütterung weniger stark auf. Trotzdem muss für alle reichlich Platz an den Raufen oder Fressgittern sein. Oft ist es deshalb besser, gleich mehrere Raufen im Auslauf zu haben oder eine große (möglichst überdachte) Rundraufe, denn dann kommen auch die rangniederen Pferde zu ihrem Recht.

Wenn man Fütterungsautomaten für Raufutter installieren will, sollte man sich vorher ausgiebig solche im praktischen Einsatz ansehen. Das ist alles noch nicht funktionssicher ausgereift. Tägliche Kontrolle ist deshalb auch bei Raufutterautomaten unerlässlich. Es ist gut, wenn jedes Pferd zum Fressen des Kraftfutters seinen ungestörten Stammplatz hat. Einzelboxen haben für die individuelle Kraftfutterfütterung große Vorteile, weil Futterneid hier keine Rolle spielt. Dennoch bietet die Gruppenhaltung im Offenstall den Pferden als sozialen Lebewesen große Vorteile, so können befreundete Pferde sich anschließend an die Fütterung nach Lust und Laune zusammenstellen, sich im Winter gegenseitig wärmen und im Sommer die Fliegen abwehren.

Deshalb sollte man in Offenställen auch nach Möglichkeit separate, frei zugängliche Fressstände (ohne hintere Absperrkette!), wenn es räumlich eben möglich ist, einrichten. Sie sollten für mittelgroße Pferde etwa 80 cm breit und eine Pferdelänge lang sein, die Trennwände der Fressstände sollten herausnehmbar und halbhoch ausgeführt werden (im Kopfbereich, dort wo die Futterkrippe ist, sollten sie noch etwas höher, etwa Widerristhöhe plus 50 cm, sein). Hier kann jedes Pferd (z. B. durch eingehängte Futterkrippe, so das System der Uni Weihenstephan, am Kopf der Fressstände) ungestört Kraftfutter, aber auch Raufutter fres-

Fütterung

■ Aus verschiedenen Komponenten kann man ein Müsli-Kraftfuttergemisch selbst herstellen: Mais, Weizenkleie, Hafer, etwas Melasse und wenigstens 5 cm lange Heuhäcksel.

sen. In geschlossenen Gemeinschaftslaufställen bindet man die Pferde zum Kraftfutterfressen an und wartet so lange, bis auch die Langsamsten (meist junge oder sehr alte Pferde) ihre Ration verzehrt haben. Das bringt am wenigsten Unruhe, Futterneid oder gar Schlundverstopfungen mit sich. In manchen Pferdeställen sind unterschiedlich funktionierende Kraftfutterautomaten, deren Prinzip aus der Massentierhaltung stammt, installiert worden. Es gibt solche als durchaus sinnvolle Automaten für Einzelboxen und andere in speziell dazu konstruierten Fressständen für die Gruppenhaltung (z. B. das System der Uni München/Weihenstephan).

Der Zugang zu den speziellen Fressständen wird elektronisch geregelt. Pferde müssen nach einiger Zeit den Fressstand verlassen (was durch eine elektrische »Austreibhilfe« signalisiert wird), um einem anderen Pferd Platz zu machen. Die Systeme bieten einerseits Vorteile für laufend sportlich genutzte Pferde mit täglich hohem Kraftfutterbedarf in größeren (an sich eigentlich wieder unnatürlichen) Gruppen, weil man täglich verdauungsfreundlich mehrere kleine Portionen in diesen speziellen Fressständen angeblich stressfrei und zeitsparend anbieten kann. Die Pferde können sich über ein automatisches Erkennungssystem (»Transpondersystem«) in vorgegebenen Zeiträumen und Portionsgrenzen selbst bedienen. Alles müsste dennoch stets sorgfältig durch ständig anwesende Menschen überwacht und verantwortlich kontrolliert werden, um Sicherheit zu gewährleisten, was den Zeitspareffekt teils oder ganz wieder aufhebt – wenn man es denn sorgfältig betreibt. Es ist – trotz dieser durchaus beeindruckenden modernen Techniken – dennoch u. a. das Vertrauensverhältnis nicht hoch genug einzuschätzen, das sich durch die herkömmliche (= nicht automatische) Fütterung gerade zwischen Mensch und Pferd bildet – gute, freundliche Behandlung und Pferdekenntnis natürlich vorausgesetzt. Vergessen wird manchmal bei vordergründiger Begeisterung für moderne Technik, dass die tägliche, wenigstens stichprobenartige individuelle Beobachtung der Pferde beim Kraftfutterverzehr durch einen kenntnisreichen Menschen schließlich kein Selbstzweck oder gar unnötiger Zeitvertreib ist, sondern zu einer verantwortlichen Versorgung – gerade auch bei Pensionsbetrieben – gehört. Man erkennt hierbei am besten Zahnmängel oder auch verzögertes Fressen als Hinweis auf Unpässlichkeiten usw.

Mit einer »seelenlosen Automatik« spielt sich da natürlich nichts ab. Zu bedenken ist schließlich auch: Pferde sind eben nicht gleichzusetzen mit Mastrindern oder Mastschweinen, deren Futteransprüche und deren Verhalten (zusätzlich zum nicht deckungsgleichen Nutzungszweck) sich teils ganz erheblich von Pferden unterscheidet.

Gentechnisch veränderte Pflanzen

Es muss nicht alles, was aus rein wirtschaftlichen Kostenmotiven in der Massentierhaltung machbar ist, auch im Pferdebereich angewendet werden. Vieles ist – im Interesse der Pferde – abzulehnen.

Gentechnisch veränderte Pflanzen

Gentechnik ist auch im Futtermittelsektor auf dem Vormarsch. Unter Genfood versteht man Nahrungsmittel und Futter aus gentechnisch veränderten Pflanzen. Vielfach bestehen bei Pferdehaltern große Unklarheiten über diese Vorgänge. Zunächst ein paar Hinweise zum »Fachchinesisch«: Ein Gen ist eine Erbinformation/Erbeinheit/Erbanlage in Form eines bestimmten Abschnitts auf der DNA (Sequenz). Die Gene sind in so genannte Chromosomen angeordnet. Transgen bedeutet ein verändertes Gen, das mit gentechnischen Verfahren von Organismen einer Art auf die einer anderen übertragen worden ist; der Begriff wird als Adjektiv benutzt: eine »transgene« Pflanze ist eine Pflanze, in die ein Gen einer anderen Spezies eingefügt wurde. Spektakuläre Vorfälle bei Milchkühen und anhaltende Diskussionen über die Sicherheit solcher Pflanzen als Futtermittel sind Anlass, generelle Fragen auch für die Pferdefütterung zu stellen.

Der Begriff »gentechnisch veränderter Organismus (Abk.: GVO)« ist in verschiedenen europäischen Gesetzen definiert. »Gentechnisch verändert« ist ein Organismus (z. B. eine Pflanze oder ein Tier), dessen genetisches Material (= Erbgut) in einer Weise verändert worden ist, wie sie unter natürlichen Bedingungen durch Kreuzen (»Züchten«) oder natürliche Rekombination nicht vorkommt – so die Freisetzungs-Richtlinie der Europäischen Union (2001/18/EG). Der Umgang mit GVOs, also Freisetzung, Arbeiten in geschlossenen Systemen, Produktionsanlagen und Vermarktung, ist in einigen Ländern durch besondere Gesetze geregelt.

Für den Verbraucher/Käufer von Genfood oder Futtermitteln aus Gen-Pflanzen ergeben sich eigentlich keine Vorteile, wohl aber für die anbauenden Landwirte, denn die Gen-Pflanze, z. B. Gen-Mais, verfügt über ein hinzugefügtes Gen, das in der Pflanze ein Gift gegen Pflanzenschädlinge (so genannte Maiszünsler = Fraßinsekten) produziert (so genannter BT-Mais). Dadurch sind die Pflanzen resistenter, man spart bei konventionellem Anbau entsprechende Kosten für Spritzmittel und auch die Erntemenge ist wesentlich größer als bei »naturbelassenen« Pflanzen. Andere gentechnisch veränderte Nutzpflanzenarten produzieren zwar nicht selbst ein Gift, sondern sie sind wiederum durch Gentechnik erst immun gemacht worden gegen ein bestimmtes Schädlingsbekämpfungsmittel (das naturbelassene Pflanzen bisher teils zwangsläufig beschädigte). Öko-Bauern ist der Einsatz von Gen-Pflanzen allerdings vertraglich streng untersagt. Aktuell diskutiert werden sowohl vermutete Gesundheitsgefahren durch den Verzehr von Gen-Pflanzen als auch weitgehend erst nur rein theoretisch gelöste Probleme beim Anbau. So kann nie ausgeschlossen werden, dass Pollen von blühenden Gen-Pflanzen (vor allem bei Mais und Raps) durch Wind auf ein »naturbelassenes« Feld getragen werden und dort die (ungewollte) gentechnische Veränderung bewirken könnten. Nach dem Gentechnik-Gesetz für Deutschland muss durch Vorsorgemaßnahmen ausreichender Abstand zum nächsten Feld gewahrt werden, da sonst Schadenersatzforderungen (z. B. von Öko-Bauern, deren Ernte nicht mehr »naturbelassen« ist) fällig sein können. Leider hält sich aber der Wind nicht an Gesetze, die von »hochkarätigen«, oft eher theoretisierenden Politikern ersonnen wurden! So

Fütterung

schwebt denn künftig vielleicht über den Dörfern das Gespenst eines Bauernkrieges zwischen Verfechtern verschiedener Anbaumethoden! Insgesamt sind Auswirkungen und eventuell Anbaurisiken noch ungenügend erforscht.

▸ Gen-Futtermais ist bereits einige Jahre in Deutschland und Österreich im Handel und wird heute zunächst vornehmlich als Rinderfutter (Mast- und Milchvieh) eingesetzt. In landwirtschaftlichen Betrieben wird aber häufig u. a. auch Maissilage an Zuchtpferde verfüttert. Auch im handelsüblichen Pferdefutter (z. B. im Müsli) ist u. a. durchweg Mais in Form von Flocken enthalten, aber bislang – zumindest in Deutschland, Österreich und der Schweiz – nach Angaben führender Hersteller noch kein Gen-Produkt (z. B. Gen-Mais). Ob sich daran was ändert, hängt wesentlich vom Käuferverhalten ab und ist heute noch nicht abzusehen. Die Hersteller sind in diesem Punkt eher zurückhaltend, könnten sich aber u. U. künftigen tatsächlichen oder vermeintlichen Marktzwängen nicht entziehen.

Wenn Tiere, Kühe oder Pferde, Gen-Mais (BT-Mais) fressen, ist in deren Verdauungstrakt ein Teil des aufgenommenen BT-Toxins feststellbar. Die amtliche Sicherheitsbewertung berücksichtigt das auch, weshalb nachgewiesen werden muss, dass dieses Toxin gesundheitlich unbedenklich ist. Klar ist inzwischen, dass durch Speichel und Verdauungsenzyme das Toxin im Körper abgebaut wird. Untersucht wird aber derzeit noch durch die Technische Universität München (Lehrstuhl für Physiologie) und die Bayerische Landesanstalt für Tierzucht (BLT) in Grub, ob eine mögliche Übertragung von Genen auf Magen-Darm-Mikroorganismen von mit BT-Mais gefütterten Rindern nachweisbar ist. Der Weg des BT-Toxins wurde mit einem so genannten Screening Test (ELISA), der das Vorhandensein von immun-ologisch aktiven Strukturen des BT-Proteins oder Bestandteilen davon nachweist, verfolgt. Bei diesen Untersuchungen wurde festgestellt, das man in den Verdauungssäften des Magen-Darm-Traktes (nicht aber in den Epithelzellen) ein Signal bekommt. Ob dieses Signal von einem intakten Toxin stammt oder nur durch Abbaustücke des Toxins verursacht wird, ist Gegenstand weiterer Untersuchungen.

▸ Ein möglicher Gentransfer auf Bakterien oder eine Veränderung der Magen-Darm-Bakterienpopulation wird noch untersucht. Mögliche Langzeiteffekte sind – mangels entsprechender Studien – allerdings nicht abschätzbar. Auswirkungen der grünen Gentechnik auf die Umwelt sind u. U. aber risikoreicher als bisher angenommen.

Man spricht schon von »biologischer Umweltverschmutzung«, was eine solide Dokumentation von Gabriele Kröber und Bertram Verhaag nachhaltig belegt (Quelle: ARD-Dokumentarfilm »Leben außer Kontrolle« vom 15.7.2004). Es bleibt abzuwarten, welche praktischen Langzeit- und Forschungsergebnisse weiteren Aufschluss über die Stichhaltigkeit der geäußerten Bedenken gegen eine Verfütterung geben.

Haltungs-/Futterumstellungen

Futterumstellungen sind bei Pferden immer langsam vorzunehmen, da sonst Hufrehe und Durchfallerkrankungen drohen. Man muss sich klar machen, dass die Darmflora des Pferdes während der Stall- und Auslauffütterung eine andere ist als bei ausschließlichem oder überwiegendem Weidegang. Darum darf kein abrupter Wechsel von der Stallfütterung (»Konservatfutter«) zur Weide (»Frischfutter«) vorgenommen werden. Jede Umgewöhnung erfolgt deshalb langsam – nur etappenweise. Hand in Hand damit

Haltungs-/Futterumstellung

kann auch eine Umgewöhnung von totaler, »geschlossener« Stallhaltung zur Offenstallhaltung gehen. Man beginnt damit im Frühling oder Sommer, nicht etwa im Herbst – denn der Organismus des Pferdes braucht Zeit für die Umstellung!

Im ersten Herbst und Winter der Offenstallhaltung ist bei Pferden, die umgewöhnt werden, besondere Vorsicht geboten. Jedes Tier reagiert anders, und es ist schon ein erheblicher Unterschied, ob man ein dicht behaartes Pferd (etwa einen Isländer oder ein Fjordpferd) umgewöhnt oder einen feinhaarigen Vollblutaraber, Andalusier oder Paso-Fino. Aber auch diese Pferde aus südlichen Herkunftsgebieten werden sich im Laufe der Zeit einen rassetypisch kürzeren, aber dennoch sehr winterfesten Pelz zulegen. In jedem Fall werden alle »Neulinge« im ersten Herbst/Winter/Frühjahr nachts in den Stall eingesperrt. Die obere Türhälfte bleibt natürlich offen.

Wie viel und wie lange sie im Winter hinausdürfen, muss man vom Wetter abhängig machen. Hinaus sollen sie aber jeden Tag. Trockene, windstille Kälte (auch tieferer Grade) wird immer sehr gut vertragen; bei Nebel, Nässe und scharfem Wind ist Vorsicht geboten. Gewaltsame Abhärtung ist stets von Übel und führt am ehesten zu Erkrankungen, wenn das Abwehrsystem durch langjährige Stallhaltung geschwächt ist und die Witterungsanpassungsfähigkeit noch ungenügend geschult ist.

▸ Ob Pferde nun an Offenstall-Weidehaltung gewöhnt sind oder nicht, in keinem Falle lässt man sie nach dem Reiten oder Fahren in der feuchtkalten Jahreszeit durchschwitzt oder vom Regen durchnässt auf die Weide oder in den ungeschützten Auslauf! Auch das widerstandsfähigste Pferd kann daran zugrunde gehen. Viele Pferde, auch so genannte Robuste, haben durch solche Gleichgültigkeit schon Dauerschäden davongetragen. Man sperrt sie statt dessen in den

■ *Pferde, die in der Gruppe arg futterneidisch sind, bindet man an und versorgt sie mit einem Heunetz voll Raufutter.*

Stall und lässt sie, mit Futter und Wasser versorgt, so lange darin, bis sie völlig (bis auf die Haut) trocken und körperwarm sind, was mit den Fingern nachzuprüfen ist.

Pferde mit weniger starker Behaarung als beispielsweise Isländer kann man unter solchen Bedingungen eindecken – zuvor wird eine etwa zehn cm dicke Strohschicht über den ganzen Rücken verteilt. So wirkt die darüber gezogene Decke nicht wie ein kalter feuchter Umschlag, denn die aufsteigende Feuchtigkeit zieht in das Stroh. Auch gibt es inzwischen gute Abschwitzdecken, die man auch ohne Strohunterlage einsetzen kann. Nach etwa ein bis zwei Stunden ist das Pferd trocken – oder man erneuert das Stroh bzw. wechselt die Abschwitzdecke. Jedenfalls entwickelt sich schnell wohltuende Wärme – und auch ein unterkühltes Pferd hört auf zu zittern (nicht selten zu sehen bei dünnhäutigen Pferden südlicher Rassen). Nach dem Trocknen wird es kräftig gebürstet und bleibt noch einige Zeit im Stall.

Weide-Risiken

Ängste

Gelegentlich hört man hier und da von Pferdehaltern (manchmal sind es Dressurreiter oder so genannte Gangpferdereiter), dass Weidegang ihrer Meinung nach für Pferde einfach zu viele Risiken berge, weshalb man vorwiegend die Stallhaltung beibehalte. Dazu: Im Grunde ist natürlich der gesamte Haltungsalltag sowohl im Stall (hier können Pferde u. U. gefährlich festliegen!) als auch im Auslauf und auf der Weide, aber auch in der Reitbahn oder beim Transport zum Turnier – und schließlich beim Turnier selbst – angefüllt mit »Eventualitäten«. »Schief gehen« kann immer etwas – da ist der Weidegang nur ein Teil des vermeintlich besonders hohen »Gefahrenpotenzials«.

Gemeint sind angebliche Verletzungsrisiken und unklare Ängste, ob denn Leistung und Gesundheit des so genannten Sportpferdes nicht z. B. durch Weidefutter, Insektenstiche, Sehnenzerrungen beeinträchtigt würden oder das Pferd am Ende gar »verwildert«, wo es sich sowieso schon ungern einfangen lasse usw.

Auch unter Pferdeleuten, die robuste Ponyrassen wie z. B. Islandpferde bevorzugen, gibt es diese »Weideskeptiker«. Sie schwören auch in der Vegetationszeit auf »Trockenfütterung« und meiden für ihre Vierbeiner jeden Weidegang, weil besonders die Robusten schnell durch angefressenen Grasbauch oder Fettansatz aus der Form fallen, ihre Kondition verlieren und kurzatmig werden könnten – und am Ende gar z. B. durch so genannte Fruktane im Gras an Hufrehe erkranken. Grundsätzlich sind Bedenken – wie sie hier beispielhaft angeführt werden – zunächst zwar verständlich, aber

■ *Zuchtpferde, hier abgebildet Trakehnerstuten mit halbjährigen Fohlen, brauchen ausgiebigen Weidegang auf großflächigen Koppeln.*

Ängste

eigentlich unrealistisch und weit hergeholt – vorausgesetzt man kennt die grundlegenden Fütterungsregeln und beachtet diese strikt. Wer demnach diese Ängste überbetont, beweist damit, dass er in diesen Haltungsfragen unsicher ist.

Gerade sportlich genutzte Pferde, die hochkonzentriert in der »grünen Saison« bei der Arbeit sind, brauchen Entspannung und die naturgemäße Futtersuche – und die bietet ausschließlich der Weidegang. Zudem wird bei regelmäßig im Training stehenden Pferden das Weidefutter gut verwertet und führt deshalb nicht zu Fettansatz.

▸ Es steht ein geringgradiger, ganz natürlicher Weidebauch keiner Leistung im Wege, wenn nach dem Weidegang stets Verdauungspausen vor Nutzung des Pferdes eingehalten werden, damit der Magen sich entleert und die Hauptdarmtätigkeit ablaufen kann.

Durch starke Verdauungstätigkeit wird eine größere Blutmenge im Magen-Darm-Trakt gebunden. Diese steht zunächst nicht voll für die Versorgung der durch flottes Bewegen unter dem Reiter stark strapazierten übrigen Organe zur Verfügung. Karenzen von wenigstens ein bis zwei Stunden sollten die Regel sein; innerhalb dieser Verdauungszeit kann z. B. geputzt oder schonend (nach einer halben Stunde Karenz) ausschließlich in ruhiger Atmosphäre im Schritttempo etwas longiert werden.

▸ Die gesunde Weide in Verbindung mit dem schützenden Stall schafft für alle Pferde – auch bei unterschiedlichsten Klima- und Bodenverhältnissen – naturnahe Lebensbedingungen, wenn man Fehler vermeidet. Und das ist eine Sache der Passion, der Geduld, des Einfühlungsvermögens und der Beobachtungsgabe und nicht zuletzt von Kenntnissen, die man sich fortlaufend aneignen muss. Unklare oder überbewertete Ängste sind ein schlechter Ratgeber für jede Tierhaltung!

Im Folgenden werden exemplarisch Risiken erläutert, damit man vorbeugen kann.

Schwellungen/Lymphödeme

Schwellungen im Weichteilbereich bei Pferden können viele Ursachen haben, von Insektenstichen bis zu Trittverletzungen und so genannte Ödemen. Nicht selten handelt es sich bei Schwellungen um Lymphödeme unterschiedlicher Ursache, die tierärztlich vor Ort immer abzuklären sind. Es können ernste Ursachen vorliegen, die der Laie zwar vermuten, aber hinsichtlich der Auswirkungen nicht umfassend abschätzen kann.

Säugetiere wie Pferde (und auch der Mensch) verfügen – neben dem Blutkreislauf – über ein zweites Transportssystem, das Lymphgefäßsystem. Wichtigste Aufgabe der Lymphgefäße ist der »Mülltransport« aus dem Gewebe. In kleinen »Klärwerken«, den Lymphknoten, wird die flüssige Lymphe (ein Gemisch aus Eiweiß, Stoffwechsel- und Entzündungsprodukte, Fett und Wasser) gereinigt, bevor sie durch Einmündung in die Venen dem Blutkreislauf wieder zugeführt wird (aus dem sie auch hervorgegangen ist). Bei mittelgroßen Pferden sind es pro Tag etliche Liter Lymphflüssigkeit, die durch das System gepumpt werden (die Lymphgefäße verfügen dazu über eine eigenständige Muskulatur).

Man versteht unter einem Lymphödem eine sicht- und tastbare Schwellung, die durch Flüssigkeitsansammlung im Gewebe entstanden ist. Ödeme können klein und örtlich begrenzt sein, aber auch den gesamten Körper betreffen. Unterschieden werden Ödeme, in denen sich eiweißreiche und solche, in denen sich eiweißarme Flüssigkeiten sammeln. Lymphödeme entstehen, wenn der Abtransport der Lymphe durch die Lymphgefäße gestört ist. Dann bleibt mehr oder

Weide-Risiken

weniger eiweißreiche Flüssigkeit im Gewebe zurück, wodurch eine Schwellung entsteht. Störungen des Lymphgefäßsystems können ohne erkennbare Ursache auftreten (so genanntes primäres Lymphödem) und wieder verschwinden. Es kann sich aber auch um Folgen von Operationen, von Bestrahlungen, Infektionen und Verletzungen oder auch Tumorwachstum handeln (so genanntes sekundäres Lymphödem). Durch Bewegungsmangel und Überernährung kann sich ein Lymphödem verstärken.

▶ Auch beim Angrasen im zeitigen Frühjahr sieht man bei manchen Pferden Ödeme. Sie treten u. a. auf an den Beinen oder im Hals-Lymphknotenbereich in der Ganaschenpartie (siehe Foto). Vermutlich resultieren sie aus starker Eiweißüberernährung (aus frischem Grünfutter). Diese wird durch starke Jauche- oder Mineraldüngerwirkung erzielt. Damit wird energie- und eiweißreiches Grünfutter erzeugt, das für Pferde jeder Rasse in großen Mengen klar als ungünstig einzuordnen ist und bei empfindlichen Pferden u. a. zu Stoffwechselstörungen mit Ödemen führen kann. Im Laufe des Frühjahrs sind auch (allerdings sehr seltene) Pollenallergiker unter Weidepferden mit Ödemen zu sehen. Hier hilft dann zunächst nur eine Weidesperre.

Nur der Tierarzt kann vor Ort eine genaue, aussagekräftige Diagnose stellen und feststellen, um welche Art von Lymphödem es sich handelt oder ob z. B. die Ohrspeicheldrüse tatsächlich geschwollen ist und welche Therapiemaßnahmen gegebenenfalls einzuleiten sind. Es sind in der Regel auch blut-chemische Laboruntersuchungen (vor allem stets bei Verdacht auf Infektionen oder andere Erkrankungen) erforderlich.

Soweit es sich um Ödeme handelt, die durch Überernährung und Bewegungsmangel ausgelöst wurden, helfen zunächst einfache Massagen, aber insbesondere die manuelle

■ *Vollblutaraberstute mit ödemartiger Schwellung im Ganaschenbereich.*

Lymphdrainage, mit der die Transportkapazität des Lymphgefäßsystems gesteigert wird. Zudem sind die Ursachen abzustellen durch leistungsangepasste, eher knappe Ernährung (begrenzter Weidegang, Stroh zur Beschäftigung zufüttern) und täglich ausreichende, mehrstündige freie Bewegung an der frischen Luft.

Hufrehe und Stoffwechselstörungen

Pferdewidrig stickstoffgetriebene Grasweiden oder im Frühjahr jedes rohfaserarme, junge Gras können durch übermäßiges Eiweiß- und Energieangebot Stoffwechselstörungen mit Hufrehe auslösen. Wenn man die Symptome bemerkt (Lahmheit, Zackeln, Hitze im Huf), ist es bereits zu spät, denn die Stoffwechselstörung hat bereits den Huf erfasst. Nur Vorbeugung durch begrenzten Weidegang und Raufutterzufütterung hilft! Je nach den Witterungsbedingungen kann es auch nicht empfohlen werden, Pferde »zum Abspecken« ganztägig auf abgegrasten Flächen zu halten. Einerseits bewirkt dies

Ängste

eine Degenerierung der Grasnarbe, andererseits wird durch ständiges bodennahes Grasen eine sehr schädliche erhöhte Schmutzaufnahme, die zu Koliken führt, gefördert.

▸ Wenig bekannt ist, dass auch Stoppeln (Stängel) und Wurzeln (Rhizome) der Weidepflanzen zeitweise hohe Kohlenhydratgehalte aufweisen können. Denn in diesen Pflanzenteilen speichern Pflanzen ihre Reservestoffe (Zucker, z. B. Fruktane).

Fruktane sind pflanzliche Reservekohlenhydrate, die vorwiegend in den Gräsern der gemäßigten Zone vorkommen. Als Photosyntheseprodukte werden sie aus Saccharose gebildet und als Energiereserven für Wachstum und Stoffwechsel der Pflanze gespeichert. Die Fruktanspeicherung ist abhängig von der Photosyntheserate einerseits und von dem Verbrauch an Reservekohlenhydraten für das Pflanzenwachstum andererseits. Die Fruktanbildung in der Graspflanze wird dabei von einer Vielzahl von Faktoren beeinflusst. Insbesondere die Pflanzenart, Tages- und Jahreszeit, die Vegetationsperiode, klimatische Bedingungen (wie Temperatur und Lichtintensität) und das Weidemanagement spielen eine große Rolle. Die Schwankungsbreite des Fruktangehaltes kann enorm sein. Man findet bei kühlem Wetter (um 8° C) bis zu 200 mal mehr Fruktan im Gras als bei wärmeren Wetter (um 20° C). Die tages- und jahreszeitlichen Schwankungen im Fruktangehalt sind abhängig von der Vegetationsperiode, der Temperatur und der Lichtintensität. So kommt es in Zeiten negativer Energiebilanz, so in Phasen schnellen Wachstums, während der Blütenentwicklung und zur Zeit der Samenbildung zu einer Abnahme der Fruktangehalte. Fruktane sind in die Diskussion gekommen, weil sie häufig zu Beginn der Weidesaison auftretende, durch frisches Gras bedingte Hufrehe des Pferdes auslösen können. Aufgrund ihrer Struktur gehören die Fruktane zu den schnell fermentierbaren Kohlenhydraten. Sie werden im Dickdarm des Pferdes flott mikrobiell abgebaut. Die bei der Fermentation entstehenden Produkte können durch die vorgeschädigte Darmschleimhaut in den Blutkreislauf gelangen, dabei gefäßverengend wirken und eine Hufrehe auslösen.

Durch Dr. Sandra Dahlhoff und Dr. Wolfgang Sommer sind in einer Studie des Institutes für Tierernährung der Tierärztlichen Hochschule Hannover in Zusammenarbeit mit der Landwirtschaftskammer Nordrhein-Westfalen die jahreszeitlichen Schwankungen im Fruktan- sowie Protein- und Nährstoffgehalt in Gräsern von Pferdeweiden während der Weidesaison unter hiesigen Bedingungen dargestellt worden. Im Rahmen dieser Studie wurden zehn Pferdebetriebe im Münsterland von Mai bis November 2002 in einem vierwöchigen Rhythmus aufgesucht und beprobt. Unter den ausgewählten Betrieben befanden sich Freizeit-, Pensions-, Zucht- und Ausbildungsbetriebe sowie ein Vollblutgestüt und ein Ponyferienhof. Die ermittelten Gehalte an Fruktan in den Grasproben lagen deutlich unterhalb der Fruktanmenge, mit der experimentell die Hufrehe eines Pferdes ausgelöst werden konnte. Die Verfasser der Studie geben folgende Empfehlungen zu Weidemaßnahmen: »Es sollten bevorzugt fruktanarme Gräserarten ausgewählt werden. Außerdem sollten die Weiden regelmäßig genutzt und eventuell eine zusätzliche Rinderbeweidung sowie regelmäßige Düngung auch während der Weidesaison vorgenommen werden.« Der Fruktangehalt der auf europäischen Pferdeweiden vertretenen Pflanzen variiert beträchtlich. Vor allem Deutsches-, Welsches- und Hybrid-Weidelgras enthalten viel Fruktan, während zum Beispiel Knaulgras, Wiesenlieschgras, Rotschwingel und Wiesenfuchsschwanz weniger Fruktan enthalten.

Weide-Risiken

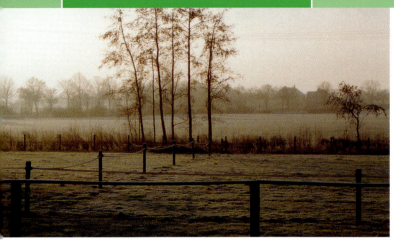

■ An kalten, aber dennoch sonnigen Frosttagen (z. B. im Herbst und im zeitigen Frühjahr) speichern Weidepflanzen verstärkt u. a. Fruktane; selbst auf ziemlich abgegrasten Flächen wird dann von Weidepferden übermäßig viel Energie aufgenommen, was unter ungünstigen Bedingungen auch Hufrehe verursachen kann.

Innerhalb der einzelnen Pflanzenarten sind allerdings zum Teil erhebliche Sortenunterschiede feststellbar, z. B. sind moderne Hochzuchtsorten des Deutschen Weidelgrases sehr gehaltvoll, alte Sorten dagegen enthalten weniger Fruktan unter gleichen Wachstums- und Nutzungsbedingungen.

▸ Festzuhalten ist: Stockt das Wachstum im Frühjahr oder im Herbst (z. B. durch Bodenkälte), scheint aber die Sonne, dann speichert die Pflanze durch Photosynthese Zucker in diesen Speicherorganen, um diesen erst wieder zu mobilisieren, wenn es bodenwarm wird (ca. 10° C) und die gesamten Wachstumsbedingungen sich verbessern. Steigende Temperaturen gehen mit niedrigeren Fruktangehalten einher, fallende führen zu einer Fruktanspeicherung. Insbesondere nächtliche Temperaturen um den Gefrierpunkt (gefolgt von warmen, sonnigen Tagen) erzeugen hohe Fruktangehalte im Gras. Wird in dieser Speicherzeit gegrast, ist auch jede Stoppel noch ziemlich gehaltvoll.

Regeln dazu:
▸ **Sehr hohe Rehegefahr:**
Bedingungen = kaltes oder frostiges Wetter und strahlender Sonnenschein = sehr hohe Energieproduktion und massive Speicherung von Fruktan, da kein entsprechendes Wachstum.

▸ **Rehegefahr:**
Bedingungen = kaltes Wetter oder Nachtfrost = kein Wachstum, aber gesteigerte Fruktanspeicherung.
▸ **Geringere Rehegefahr:**
Bedingungen = bedeckter Himmel = wenig Energieproduktion.
▸ **Abnehmende Rehegefahr:**
Bedingungen = warmes Wetter, bedeckt und genügend Feuchtigkeit = wenig Energieproduktion, aber Wachstum und Abbau der Fruktanspeicher.

Zecken

Bei sommerlichem Wetter ist der »gemeine Holzbock«, wie die einheimische Zecke auch genannt wird, besonders aktiv. Pferde auf der Weide oder Pferd und Reiter sowie Begleithund im Wald sind am ehesten Zeckenbissen ausgesetzt. Was Zecken sind, welche Folgen ein Biss haben kann und welche Vorsichts- und Schutzmaßnahmen sinnvoll sind, soll nachfolgend erklärt werden.
Bevor man sich mit den möglichen Gefährdungen auseinandersetzt, ist es nützlich, sich einmal zu vergegenwärtigen, um welchen Spezialisten es sich beim Holzbock eigentlich handelt. Zecken gehören entsprechend zoologischer Zuordnung zur Klasse der Spinnentiere (Arachnida) wie z. B. auch die Hausstaubmilbe, die Kreuzspinne oder auch der Skorpion. Fast alle Arachniden sind

Ängste

Raubtiere oder Parasiten. Charakteristisch für Spinnentiere sind so genannte Tracheen als Atmungsorgane sowie nur am Vorderkörper ausgebildete Gliedmaßen. Die vordersten Gliedmaßen bilden die für alle Fühlerlosen typischen Mundwerkzeuge (so genannte Cheliceren). Ursprünglich besaßen diese Tiere kauend-beißende Kiefer, diese wurden im Laufe der Entwicklung aber zu saugenden und stechenden Mundgliedmaßen umgebildet. Innerhalb der Spinnenklasse gehören Zecken zur zoologischen Ordnung der Milben (Acari). Milben führen nicht nur eine räuberische Lebensweise, sondern es findet sich eine große Zahl von Parasiten in dieser Ordnung. Die bekanntesten Blutsauger unter den parasitischen Milben sind die Zecken (hier meistens der so genannte Holzbock, lat. Bezeichnung: ixodes ricinus). Sie besitzen sehr lange Mundwerkzeuge, die am Ende zwei gezähnte, bewegliche Finger tragen, die aber nicht als Schere arbeiten, sondern seitwärts ausgeklappt als Säge dienen. Beim Saugen stellt sich der Holzbock dabei schräg zur Haut des Wirts, indem er sein Hinterleibsende anhebt und den Stirnrand nach unten senkt. Dann schiebt er seine Mundwerkzeuge hervor und schlitzt die Haut »sägend« mit den seitwärts klappenden Scherenfingern auf. In die so entstandene Wunde schiebt er im Verlauf von 10 bis 15 Minuten seine mit Widerhaken besetzten Laden der so genannten Pedipalpenhüften hinein. Beim Einstechen in die Wunde setzt die Zecke Speichel ab, der den Schmerz beim Wirt betäubt, gleichzeitig die Blutgerinnung hemmt und den Blutfluss anregt. Dann beginnt das Saugen. Oft saugen Zecken sieben bis 14 Tage. Das zunächst nüchterne Weibchen des Holzbockes ist 4 mm lang und wiegt etwa 2,5 mg. Voll mit gesogenem Blut ist das gleiche Weibchen nach gut einer Woche über 10 mm lang und wiegt nun bis zu 400 mg. Während des Saugens hat es also etwa das Zweihundertfache seines eigenen Körpergewichts an Wirtsblut aufgenommen.

Zecken halten sich in erster Linie in Hecken und Büschen, besonders in Wäldern, aber auch im hohen Gras auf. Dort lauern sie auf einen Wirt, bei dem sie Blut für ihre Ernährung saugen können. Wirt kann fast jedes Landlebewesen mit einem Blutkreislauf sein: Igel, Kaninchen, Hunde und Katzen ebenso wie Pferde oder Menschen. Die Blutsauger gehören in manchen südlichen Landstrichen schon zum Pferdealltag. Interessant für Schutzmaßnahmen ist die Frage, wie diese Parasiten ihre Wirte finden. Die aus den abgelegten Eiern schlüpfenden Larven wandern vom Boden nach oben, sie streben dem Licht zu und setzen sich an Grashalmen oder Buschwerkzweigen ab, um auf einen Wirt zu lauern. Das Herannahen nehmen sie mit einem Erschütterungssinn wahr. Gleichzeitig können sie mit einem empfindlich reagierenden chemischen Sinn feststellen, ob es sich um einen lohnenden Wirt handelt. Mit dem so genannten Hallerschen Organ, einem kompliziert gebauten Sinnesorgan an der Oberseite der ersten Laufbeinfüße, »riecht« die Zecke den Wirt und lässt sich darauf fallen. Durch Rezeptoren an den Spitzen der Hinterfüße fühlt sie die Körpertemperatur des Wirts und kann so eine bevorzugte Hautpartie an geschützter Stelle aufsuchen, z. B. die Achselhöhle beim Menschen oder Kehlgang, Euter und Innenhinterschenkel beim Pferd.

Der Zeckenbiss selbst ist nicht schmerzhaft und wird meist gar nicht bemerkt. Gefährlich wird der Biss, wenn die Zecke beim Saugvorgang Krankheitserreger absondert, die für Mensch und Tier unterschiedliche Gefahren darstellen. Oft sind es Borrelien, das sind Bakterien, die von Zecken ausgeschieden werden und die so genannte Lyme-Borreliose verursachen. Diese Bakterien gehören zur Gruppe der Spirochäten, sie finden sich vermehrt in bestimmten südli-

Weide-Risiken

chen Landstrichen. Erst 1984 konnte das Bakterium Borrelia burgdorferi isoliert und als Krankheitserreger identifiziert werden. Allerdings: Nicht in allen Gebieten sondern Zecken Borrelien ab. Zum anderen beherbergen Zecken vor allem in einigen süddeutschen so genannten Endemie-Gebieten (u. a. Bayern, Baden-Württemberg, Südhessen) zusätzlich zu den Bakterien noch ein Virus, das zu einer Hirnhaut-Infektion führen kann. Diese gefährliche Erkrankung wird als so genannte Frühsommer-Meningo-Enzephalitis (Abk.: FSME) bezeichnet. Generell kann man sagen, dass je eher eine Zecke entdeckt und entfernt wird, desto geringer ist das Erkrankungsrisiko, weil erst im Verlauf des längeren Blutsaugens genügend Krankheitserreger abgesetzt werden. Im Gegensatz zu den FSME-Viren finden Borrelien-Bakterien ihren Platz in der Zecke nicht in den Speicheldrüsen, sondern bevorzugt im Mitteldarm.

Deshalb setzt die Zecke diese Borrelien-Erreger frühestens nach zehnstündigem Saugen ab. Gegen FSME kann bei Menschen geimpft werden, gegen Borreliose nicht. Für Pferde wird eine wirksame Impfmöglichkeit gegen Borreliose noch erforscht, für Hunde gibt es sie bereits.

Auch bei Pferden gibt es von Viren ausgelöste Hirnhautentzündungen, die durch Zecken übertragen werden. Die Fälle treten in einigen Teilen Amerikas auf, haben aber in Mitteleuropa bisher keine Bedeutung. Infektionen mit Borrelien bei Pferden sind hingegen durchaus möglich und vorgekommen, sie werden jetzt häufiger diskutiert.

Es bestehen allerdings einige Unklarheiten darüber, unter welchen genauen Voraussetzungen eine Borreliose-Infektion bei Pferden klinische Erscheinungen hervorruft und tiermedizinisch zu behandeln ist. Symptome einer Borreliose beim Pferd sind zunächst allgemeine Befindlichkeitsstörungen mit Fieber, Teilnahmslosigkeit und Abmagerung.

Hinzu kommen Gelenksschwellungen und Entzündungen mit Lahmheiten, auch steifer Gang ist zu beobachten. Beschrieben werden als weitere Symptome der Borreliose erhöhte Hautempfindlichkeit, Haarausfall an den Gliedmaßen und Entzündungen der Augen (es kann u. U. ein Zusammenhang mit der Periodischen Augenentzündung bestehen). Manchmal kommt es auch zu zentralnervösen Symptomen mit Schiefhalten des Kopfes und Schluckbeschwerden. Auch eine Begünstigung von Hufrehe wurde schon diskutiert. Die Symptomatik der Borreliose ist insgesamt also relativ unspezifisch, also nicht sehr eindeutig. Vergleicht man andere Krankheitsbilder mit ähnlichen Symptomen miteinander, so können auch sonstige Infektionen vorliegen, etwa Tollwut, Bornasche Krankheit, Hirnhautentzündung und diverse Gelenkserkrankungen.

Nicht jeder Zeckenbefall löst zwangsläufig eine Borreliose aus, auch führt nicht automatisch jede Infektion mit Borrelien-Bakterien zu klinischen Symptomen mit Erkrankung des Organismus. Beim Menschen zeigen typische rötende Hautveränderungen im Bereich der Bissstelle an, dass die Gefahr einer Borreliose besteht und damit sofortige ärztliche Behandlung erforderlich ist (man sollte möglichst sofort die nächste Unfallambulanz eines Krankenhauses aufsuchen).

Wird ein Pferd mit Borrelien durch Zeckenbiss infiziert, bildet das Immunsystem ebenfalls Antikörper. Anders als beim Menschen ist eine Hautveränderung an der Bissstelle durch die Fellbehaarung kaum wahrzunehmen, gelegentlich tritt dort aber eine Schwellung auf oder es bleibt eine nicht heilende kleine Wunde erhalten. Das ist ein Alarmzeichen. Durch eine blutchemische Untersuchung kann der so genannte Titer (= Konzentration der Antikörper im Blut) gemessen werden. Da es verschiedene Möglichkeiten zur Antikörperspiegel-Messung

Ängste

■ Zecken sind Plagegeister, die vornehmlich im hohen Gras und in Büschen lauern. Mit einer handelsüblichen Zeckenzange lassen sie sich schnell entfernen.

gibt, können die Ergebnisse voneinander abweichen; die Bewertung der Messung ist also nicht unproblematisch. Trotzdem muss eine solche Messung immer zusätzlich zur Diagnose herangezogen werden. Es gehört viel Erfahrung bei der Laborbegutachtung dazu. Nur in Verbindung mit den klinischen Symptomen (unter Ausschluss anderer Ursachen) und – nach Möglichkeit – zusätzlich noch mit einem direkten Erregernachweis ist die Untersuchung des Titers allerdings sinnvoll. Der direkte Erregernachweis wird auch durch Speziallabors ausgeführt, wozu ein vom Tierarzt ausgestanztes (und an das Labor einzusendendes) Hautstück verwendet wird.

Infizierte Pferde werden in der Regel mit Antibiotika behandelt, die allerdings nur nach sehr strenger Indikation über längere Zeit gegeben werden. Verschiedene Antibiotika-Nebenwirkungen sind dabei leider einzukalkulieren, z. B. Störungen des Darmmilieus mit Durchfallerscheinungen sowie Unverträglichkeiten bis zum (seltenen) Schock. Die tierärztliche Wirkungskontrolle überprüft danach zunächst das Verschwinden der klinischen Symptome. Aber erst ein negativer Erregernachweis bringt endgültige Klärung. Hat man nur einen Verdacht auf Borreliose ohne weitere klinische Erscheinungen, dann können auch – nach Absprache mit dem Tierarzt – homöopathische oder naturheilkundliche Mittel verabreicht werden, damit das Abwehrsystem gestärkt wird, um mit der Infektion klar zu kommen. Immer sind artgerechte Haltung mit viel Licht und Luft sowie hygienische Stallverhältnisse unterstützend als Grundlage einer solchen Behandlung wichtig. Besser und billiger als jede Therapie ist die Infektions-Vermeidung. Der Handel bietet stark riechende allgemeine Sprüh-Insektenabwehrmittel für Pferde an (z. B. Zedan®). Die Wirkung ist nur kurzzeitig gegen Zecken gut, ihre Geruchswahrnehmung wird durch dieses Mittel zunächst für einige Zeit gestört.

Weide-Risiken

Man kann beim Menschen (unbedeckte Körperstellen: Gesicht, Arme, Hände, Halsbereich) und beim Pferd (exponierte Körperstellen wie Schweifrübe und Euter) auch mit einem speziellen Abwehrmittel (so genannte Repellent), das eingerieben wird, wenigstens für zwei Stunden bei Ausritten Schutzwirkung erzielen. Als Mittel dazu sind z. B. Zanzarin Bio-Hautschutz Lotion®, Taoasis Floh Zecken Stop Spray® oder Bayer Autan active® durch die Stiftung Warentest als Zeckenschutz unter 18 Mitteln für gut befunden worden.

Als Wirkstoffe sind in den Abwehrmitteln Kokosfettsäuren enthalten. Erhältlich sind diese Mittel in Apotheken.

Wenn man selbst oder das Pferd befallen ist, sollte die Zecke schnellstens entfernt werden, um der Übertragung von Erregern zuvorzukommen. Eine gute Methode ist die Verwendung einer Zeckenzange (siehe Foto auf Seite 123), die Tierärzte und Zoohandel anbieten. Ungeeignet sind Pinzetten, die häufig den Körper der Zecke nur zerreißen. Mit etwas Übung und Geschick lassen sich lebende Zecken auch gut per Hand entfernen.

Mit zwei Fingerspitzen wird der Kopf/Vorderkörper fest gepackt und die gesamte Zecke sehr vorsichtig gegen den Uhrzeigersinn herausgedreht. Anschließend wird sie ausgemerzt. Man darf beim Herausdrehen keinesfalls stark ziehen, damit der Körper nicht abreißt und der Kopf dann in der Bissstelle verbleibt und zu Entzündungen führt. Unsinnig und kontraproduktiv ist das empfohlene Beträufeln mit Öl, lösungsmittelhaltigem Verdünner oder ähnlichen Substanzen, um die Zecke zu töten und später »auszugraben«. Dadurch wird eine Infektion geradezu heraufbeschworen, denn im Augenblick des Absterbens versuchen Zecken, sich nochmals – unter starker Speichelabgabe (darin sind die Borrelien enthalten) – festzubeißen.

▸ Vom Frühsommer bis zum warmen Frühherbst sollte man (zumal in südlichen Gefilden) seine Vierbeiner regelmäßig nach dem Ausritt oder nach Weidegang in hohem Gras oder auf Weiden mit Buschwerk auf Zecken absuchen.

Zeckenbefall: Vornehmlich an der Schweifrübenunterseite und zwischen den Hinterschenkeln sowie im Schlauch-/Euterbereich. Wird der Befall sofort entfernt, besteht kein Grund zur Panik. Beim Auftreten der beschriebenen unspezifischen Symptome empfiehlt es sich, immer an Zecken zu denken und den untersuchenden Tierarzt darauf aufmerksam zu machen.

Halfterprobleme

Im Stall hat das Pferd keine Chance, zu entweichen, es ist schnell »greifbar« und wendet sich meist dem Menschen sofort zu, wenn er den Stall betritt – zumal mit Futter. Auf der Weide ist die Situation verändert: Der Mensch betritt die Weide, ruft nach den Pferden, die zwar interessiert den Kopf heben und einen Moment innehalten, aber durchweg sofort wieder zur Lieblingsbeschäftigung »Fressen« übergehen. Will man sein Pferd hereinholen, dann muss man in der Regel zu ihm gehen, um es aufzuhalftern und zu holen.

Nicht alle Pferde haben dazu Lust, sie wollen sich der erwarteten Arbeit entziehen, reagieren gar ängstlich – und lassen sich nicht zügig aufhalftern. Deshalb sieht man häufig weidende Pferde, die man vorsorglich zum schnelleren Greifen nur mit so genanntem Weidehalfter laufen lässt.

▸ Durch diese Weidehalfter (auch wenn sie knapp sitzen) können beim Weidegang allerdings ernste Probleme entstehen, wenn Pferde damit z. B. an Zaunpfählen, Isolatoren und Tränkebecken hängen bleiben oder beim Spiel mit Artgenossen daran gezerrt wird. Schließlich gibt es »Experten«, die sich

Ängste

nach langem »Tüfteln« das Weidehalfter auf der Weide selbst abstreifen – und künftig deshalb, weil sie das Abstreifen »gelernt« haben, nur noch unsicher mit Halfter überhaupt irgendwo angebunden werden können. Ratsam ist deshalb, grundsätzlich Pferde nur ohne Halfter auf die Weide zu entlassen. Das gilt besonders für Fohlen und Jungpferde. Bei Fohlen muss täglich zwar das Anlegen des Halfters geübt werden, nicht aber das stundenlange Tragen.

Wenn Pferde sich nicht einfangen lassen oder widerspenstig auf das Halfteranlegen reagieren, dann hat das seine Gründe. Im schlimmsten Fall fürchtet sich das Pferd vor dem Menschen, was auf traumatische Erfahrungen schließen lässt (z. B. oft bei roh behandelten Importpferden). Immer müssen zunächst die Gründe für das Verhalten genau analysiert werden, um Abhilfe zu schaffen. Korrektur ohne Kenntnis und Bekämpfung der Ursachen ist unmöglich!

Meist sind es einfach ungeschickte Einfangversuche, die ein Pferd widerspenstig oder fluchtbereit machen. Wer mit dem Halfter schwenkend auf den Vierbeiner zuläuft, wird selten eine Chance bekommen, das Halfter in Ruhe anzulegen.

Niemals sollte man einem flüchtenden Pferd auch noch hinterher rennen, denn das Pferd ist bestimmt schneller – und Flucht steckt an, so dass am Ende die ganze Gruppe davongaloppiert! Man nähere sich dem Pferd am besten weder direkt von vorn noch von hinten, sondern fixiert beim langsamen Zugehen den Schulterpunkt – auch Pferde untereinander nähern sich so, wenn sie friedlich gesonnen sind. Kraulen und Streicheln – ohne Hektik – sowie eine Belohnung wirken dann oft schon Wunder. Auch kann ein langer, dicker Baumwollstrick, den man dem Pferd kraulend beim Grasen um den Hals legt (bevor man das Halfter anlegt) die erste Phase des »Einfangens« für das Pferd angenehm einleiten.

■ *Vor allem bei Jungpferden lösen sich durch Rangeleien schnell Halfter, was zu Verletzungen führen kann, weshalb grundsätzlich auf Weidehalfter verzichtet werden sollte.*

Weidepanik

Von Weidepanik spricht man, wenn Pferde durch Außeneinflüsse zur Flucht veranlasst werden und dabei Zäune überspringen oder niedertrampeln und sich dadurch verletzen oder gar zu Tode kommen. Ausgelöst werden kann eine solche Ausnahmesituation vor allem durch (leider gelegentlich vorkommende) teils strafrechtlich relevante Vorfälle wie z. B. eine unsachgemäß durchgeführte – gegen jede waidmännische Tradition verstoßende – Treibjagd eines Jagdpächters, der den Termin gegenüber Pferdehaltern im Jagdgebiet nicht rechtzeitig bekannt gegeben hat (wie es durch Gerichtsurteile eigentlich zur Vermeidung von vorhersehbaren Schäden vorgegeben ist).

Weiter sind Vorfälle bekannt, die z. B. durch völlig unnötige Tiefflüge des Militärs (hauptsächlich mit Hubschraubern) ausgelöst wurden oder durch Heißluftballons privater Veranstalter, deren Tiefflug mit Brennergeräusch für Pferde regelmäßig extreme Panik verursacht.

Auch muss bei Weiden in der Nähe oder gar unter Strom-Überlandleitungen (so genannte 10.000 Volt-Leitungen) damit gerechnet werden, dass jährlich durch (zulässigen) Hubschrauber-Tiefflugeinsatz diese Leitungen auf Schäden kontrolliert werden. Man

Weide-Risiken

setze sich hierzu mit dem zuständigen Stromversorgungsunternehmen in Verbindung und lasse sich die Termine der Tiefflüge definitiv geben, um vorzubeugen.

Hinzu kommen als Auslöser von Weidepanik Einwirkungen durch randalierende Personen oder Pferdeschänder, die Pferde vorsätzlich durch kriminelle Gewalt verängstigen können. Zum Glück sind die genannten Paniksituationen eher rar, aber es ist an solche Zwischenfälle zu denken, um in Eigeninitiative vorzubeugen, z. B. indem man sich mit dem örtlichen Jagdpächter abspricht und ihn auf die Gefährdung der Pferde durch unangemeldete Treibjagden klar hinweist.

Immer sollte man versuchen, bei tatsächlich eingetretener Weidepanik mit Folgeschäden den Verursacher zur Verantwortung zu ziehen, um Wiederholungen möglichst auszuschließen. Das geschieht in der Regel durch Strafanzeige (dabei muss die Polizei »von Amts wegen« ermitteln und den Sachverhalt aufklären) und nicht etwa durch verbotene Selbstjustiz, wozu schon Pferdehalter – emotional verständlich – neigten. Beweise (u. a. Fotos, Zeugen, Urkunden wie Tierarztrechnungen u. Ä.) sind enorm wichtig, damit am Ende auch Schadenersatzforderungen für Wertminderungen/Verletzungen der Pferde, Tierarztkosten, Zaunreparaturen usw. gerichtlich durchgesetzt werden können.

Verletzungen in der Gruppe

Üblicherweise lässt man Pferde gemeinsam als Gruppe auf die Weide, denn das entspricht natürlichen Verhältnissen – so können sie (zusätzlich zur Bewegung und Nahrungsaufnahme) wichtige Sozialkontakte aufnehmen, Freundschaften pflegen und auch Aggressionen abbauen.

Ist eine Gruppe stets in gleicher Zusammensetzung auf der Weide und konstant in ihrer Rangordnung, sind Verletzungen unter den Pferden nahezu ausgeschlossen. Problematisch wird es, wenn ein neues Pferd zu einer bestehende Gruppe hinzukommt und man dies alles ohne Vorbereitungen zu schnell praktiziert. Dann können mehrfache Verletzungen durch Rangordnungs-Auseinandersetzungen nie ausgeschlossen werden. Deshalb lasse man den Pferden immer genügend Zeit, um sich zunächst – durch einen sicheren Zaun getrennt – mehrere Wochen erst einmal aneinander zu gewöhnen.

Erst danach sollte man alle Pferde (möglichst unbeschlagen!) auf größerer Fläche mit genügend Fluchtmöglichkeiten zusammen lassen und sie dabei beobachten, um bei sehr hartnäckigen, anhaltenden Aggressionen die Gruppe zunächst wieder zu trennen. Meist wird es so ablaufen, dass der Gruppenchef oder die -chefin den neu Hinzugekommenen mehr oder weniger intensiv attackiert, um die Rangordnung zu klären. Dabei kann es durchaus vorkommen, das der Neuling die Oberhand gewinnt. Auch die übrigen Gruppenmitglieder werden den Neuling testen und die Rangordnung klären. Meist läuft alles weniger dramatisch ab, als man es vorher vermutete, wobei kleine Bisswunden oder Prellungen durch Tritte nicht immer auszuschließen sind.

Weichteilschwellungen, die durch einen Tritt hervorgerufen wurden, kühlt man und versorgt diese Partien nach Rücksprache mit dem Tierarzt durch Einreiben mit einem entsprechenden Medikament (z. B. Kampfersalbe).

▸ Bei Gruppenzusammenstellungen mit Pferden unterschiedlicher Eigentümer (z. B. in Pferdepensionen) müssen alle Pferdeeigentümer mit der Zusammenstellung einverstanden sein, da ohne eine Einverständniserklärung z. B. der Pensionsgeber dem Eigentümer eines verletzten Pferdes zum Schadenersatz verpflichtet ist.

Lebensraum Weide und Stall

Pferdehaltungsanlagen sowie ihre natürliche Umgebung bieten Lebensraum für viele Haustiere, aber auch für eine Reihe von Wildtieren. Nachfolgend beispielhaft der »Steckbrief« wichtiger Nützlinge. Schon ab Herbst und später in der frost-kalten Winterzeit nisten sich in Ställen und Scheunen nicht nur Schädlinge, sondern auch nützliche »Mitbewohner« ein. Während die Schädlinge (insbesondere Insekten sowie Nager) Vorräte und Tränken mit ihren Exkrementen gesundheitsgefährdend kontaminieren (oder grob ausgedrückt: »verdrecken«), verkörpern Nützlinge das ökologisch sinnvolle Gegengewicht dazu. Manchmal sieht oder hört man wilde Nützlinge, nicht selten werden sie dann aus Unkenntnis leider vergrämt oder gar getötet.

Futter- und Stallhygiene. Durch Ungeziefer, vor allem durch Ratten und Mäuse, werden Heu- und Strohvorräte ebenso wie Kraftfutter in undichten Behältern verunreinigt. Katzen sind die besten Mäuse- und Rattenjäger (auch auf der Weide); sie verhindern weitgehend Kot- und Urin-Verunreinigungen durch Nagetiere in Krippen, Vorräten und Tränken. Die Katze ist also äußerst nützlich, ist nicht zu groß, nicht aufdringlich, sehr selbstständig, sauber, verträgt sich ausgezeichnet mit Pferden – und verkörpert Schönheit mit Anmut.

Stallkatze

Unsere domestizierte Katze (Felis sylvestris) kann auf eine imponierende Geschichte zurückblicken. Im alten Ägypten wurden Katzen verehrt und vergöttert. In reichen Familien gab man ihnen sogar das letzte Geleit mit den entsprechenden Bestattungsfeierlichkeiten. Später in der Antike erkannten auch Griechen und Römer den Wert der Katze als Mäusejäger; das war der Beginn ihrer weltweiten Verbreitung. Für jedes Haltungsumfeld ist eine Katze eine ideale Ergänzung. Große Bedeutung hat die

■ *Für eine natürliche Dezimierung von Lästlingen sorgen in jeder Pferdehaltung Katzen.*

Lebensraum Weide und Stall

■ *Willkommene Gäste sind Mauswiesel, die in Stall und Weide Nager jagen.*

Mauswiesel

Als Mini-Marder (Familie Mustelidae) sind Mauswiesel (Mustela nivalis) die kleinsten Raubtiere der Welt und ausgesprochen nützlich als flinke Jäger und Vernichter von Nagetieren. Männliche Exemplare (= »Rüden«) erreichen eine Kopf-Rumpf-Länge von 15 bis 25 cm, weibliche Tiere (= »Fähen«) sind 14 bis 16 cm lang. Die Schulterhöhe liegt bei etwa 3,5 cm.
Der Körper ist ziemlich gestreckt mit mäßig langen Extremitäten und einem Kurzschwanz. Gefärbt ist die Körperoberseite rot-braun, die Bauchseite weiß. Je nach Alter und Futterzustand variiert das Körpergewicht von 30 bis 105 g (Rüden) bzw. 30 bis 45 g (Fähen). In Nordeuropa (Skandinavien) und in allen Hochgebirgsregionen (Vorkommen bis zu 3.000 m Höhe) tragen Mauswiesel ein weißes Winterhaarkleid.
Mauswiesel sind in Agrar-Monokulturen nicht zu finden, sie bevorzugen abwechslungsreiche Feld- und Wiesenlandschaften mit Lichtungen, Wegböschungen, Hecken und Feldrainen als ihr Jagdrevier. Bei hoher Beutedichte sind die Streifgebiete etwa einen Hektar groß.
Diese Mini-Jäger können zu jeder Tages- und Nachtzeit aktiv sein; als Verstecke nutzen sie oft Baue von Nagetieren und Maulwürfen, im Winter aber auch Heu-, Stroh- und Holzlager. Sieht man zufällig im Stall- oder Scheunenbereich ein solch possierliches Raubtier, ist das ein Glücksfall. Man kann dann ziemlich sicher sein, dass die Nager im Stall kontinuierlich dezimiert werden – und die Stallkatze Konkurrenz bekommt.

Auch der Stallkatze gebührt Zuwendung (wie den Pferden und Hunden) sowie eine artgemäße, verständnisvolle Haltung. Tierärzte, Tierheime und gute Zoohandlungen sind jederzeit auskunftsbereit, wenn man sich detailliert informieren möchte, z. B. über Tollwutimpfung, Kastration, wichtige Wurmkuren sowie eine passende Zufütterung (Milch verträgt nicht jede Katze). Das Terrain einer weiblichen Katze umfasst etwa einen Hektar, das eines Katers bis zu zehn Hektar. Vernünftig ist, wenn man Katzen kastrieren und tätowieren lässt, damit die Vermehrung eingedämmt wird und eine Identifizierung möglich ist.
Jedes Tierheim hält Dutzende Katzen bereit, die nur auf ein »Paradies« – wie es das Haltungsumfeld mit Pferden gewöhnlich ist – sehnsüchtig warten. Manchmal wird unsinnigerweise empfohlen, Katzen im Frühjahr »Glöckchen« umzuhängen, damit sie keine Chance haben, Vögel zu jagen. Gelegentlich jagen Katzen zwar Vögel, auch Jungvögel, aber das wird gemeinhin total überbewertet. Jedenfalls führt ein ständiges Bimmeln bei der sensiblen Katze zu Psychosen, weshalb man solchen unüberlegten Ratschlägen nicht folgen sollte. Zudem: Die Verhaltensforschung belegt, dass frei laufende Katzen zu über 90 % Nagetiere fangen.

Spitzmäuse

Feld-, Garten- und Hausspitzmäuse und zum Beispiel Sorex minutus, die Zwergspitzmaus, sind unsere kleinsten heimischen Säuger

(Gewicht bis 35 g). Sie gehören zur Familie Soricidae und sind gesetzlich geschützt. Mit echten Mäusen, den Nagetieren, sind sie nicht verwandt!
Es sind demgegenüber Spitzrüssler und nachtaktive Insektenjäger, die verwandt sind mit den Insektenfressern Maulwurf und Igel. Sie besitzen eine lange Rüsselschnauze (mit Tasthaaren) und scharfe, spitze Zähne. Je Wurf bringen sie drei bis zehn blinde und nackte Junge von nur einem Gramm (!) Gewicht zur Welt. Diese beteiligen sich schon nach fünf Wochen an der Insektenjagd. Bei Gefahr bildet die Kinderschar mit der Mutter eine Kette, indem jedes Jungtier sich bei dem Vordertier oberhalb der Schwanzwurzel festbeißt und zwitschernde Laute von sich gibt.
Tagsüber halten sie sich versteckt in Erdlöchern, auch unter Steinen, in Gebüschen, Hecken, Komposthaufen und unter dem Heuvorrat in der Scheune. Sie vertilgen je Tag ihr Eigengewicht an Asseln, Drahtwürmern, Engerlingen, Larven, Raupen, Spinnen, Tausendfüßern und Würmern. Sie sind somit durch Schädlingsvertilgung im Haltungsareal sehr nützlich. Förderung: Kleinere Ast- und Laubhaufen im Scheunenbereich anlegen; Schutz vor Katzen bietet Maschendraht, der darüber gebreitet und befestigt wird.

Igel

In Mitteleuropa lebt als älteste Säugetierform der Braunbrust- oder Westigel (Erinaceus europaeus, Familie Erinaceidae). Es sind dämmerungs- und nachtaktive, Insekten fressende Winterschläfer, die sich dazu gerne in den Heuschober verkriechen. Durch das Bundesnaturschutzgesetz sind sie ganzjährig geschützt. Agrarwüsten und Monokulturen bieten keine Nahrung und keinen Unterschlupf, weshalb sich in extensiv bewirtschafteten Pferdehaltungen Igel vermehrt ansiedeln.

■ *Spitzmäuse gehören nicht zu den Mäusen, sondern sie sind nützliche nachtaktive Insektenfresser im Stallumfeld.*

Es drohen ihnen vielfältige Gefahren: Pestizide, Elektrosensen, Mäher, Mistgabeln, steilwandige Gruben, Giftköder sowie Gartenfeuer. Ein guter Lebensraum für Igel ist reich gegliedert: Nistgelegenheiten in Hecken und Gebüschen sind für sie ebenso wichtig wie ein reichhaltiges Nahrungsangebot. Die Hauptnahrung der Igel sind Laufkäfer, auch Regenwürmer und die Larven von (Nacht-) Schmetterlingen.
Ohrwürmer sind eine besondere Delikatesse. Außerdem fressen sie auch Schnecken, Hundert- und Tausendfüßer, aber niemals Obst oder Gemüse! Erwachsene Igel haben eine Körperlänge von 24 bis 28 cm und wiegen zwischen 800 und 1.500 Gramm. Igel, die nach Wintereinbruch bei Dauerfrost und/oder Schnee draußen herumlaufen, sollten vom Tierarzt untersucht werden und im Stall-/Scheunenbereich (in einem »Igelhaus«) überwintern.
Es kann sich um kranke oder schwache Alttiere handeln; nicht selten sind es spät geborene Jungtiere, die eventuell auch krank sind und/oder sich wegen des geringen Nahrungsangebots im Spätherbst kein für den Winterschlaf ausreichendes Fettpolster anfressen konnten. Diese Tiere sollte man nur mit Wasser und zum Beispiel Katzenfutter aus der Dose aufpäppeln (niemals Milch anbieten oder Gemüse vorlegen!).

Nachwort

Der Kreis zum Verständnis des Komplexes *Pferdeweide* schließt sich, wenn man sich klar wird über alle dargelegten Einzelheiten natürlicher Lebensbedingungen für Pferde in unserer Obhut – und die untrennbaren ökologischen Zusammenhänge. Man erkennt den Sinn aller Maßnahmen noch besser, wenn man Vergleiche mit den Lebensgewohnheiten frei lebender Pferde anstellt.

Fünf Grundregeln

1. Während das frei lebende Pferd umherwandernd vielfältige Nahrung findet, müssen wir, da wir es daran hindern, durch eine überlegte und sinnvolle Weidewirtschaft für Ersatz sorgen. Das gilt ebenfalls für alle Maßnahmen, die vor anhaltend ungünstiger Witterung schützen.

2. Die Anzahl der Tiere, die sich in der Natur durch die vorhandene Nahrung reguliert, müssen wir von der Größe der verfügbaren Weide abhängig machen. Das bedeutet: Keine zu hohe Besatzdichte, wobei maximal zwei Pferde je Morgen Weideland u. U. schon zu viel sein können! Notfalls muss man – angepasst an die vorhandene Fläche – nur zeitlich begrenzt weiden lassen.

3. Das Pferd als »Wanderwild« meidet instinktiv die durch seine Exkremente verschmutzten Weideplätze lange Zeit. Auch hieran ist es in unserer Zivilisation durch Zäune gehindert. Folglich müssen wir immer den Kot aus seinen Lebensbereichen Weide, Stall und Auslauf entfernen. Das geschieht in Handarbeit oder – bei größeren Betrieben – sehr wirksam mit entlastender Technik, z. B. Traktor-Anbaugeräten.

4. In der Natur regelt es sich meistens so, dass Pferde nicht ausschließlich von den Weidegründen leben, sondern auch Buschwerk usw. »knabbern«. Die selben Weideflächen werden gleichzeitig oder im Wechsel von Wiederkäuern aufgesucht und dadurch gleichmäßiger kurz gehalten. Das sieht man heute noch sehr gut bei Wildequiden (Zebras) und Büffeln, z. B. in der Serengeti-Steppe Afrikas. Auch Pferdehalter müssen ersatzweise für ein Regulativ auf den Weiden sorgen: Rinder und Schafe bieten sich zum Weideausgleich an. Wo das gar nicht möglich ist, können nur Heuschnitt und sorgfältige Weidepflege Ersatz bieten. Notfalls sind mit einem Elektrowanderzaun abgesteckte Portionsweiden ein geeignetes Mittel der ausgewogenen Weideführung.

5. Frei lebende Pferde haben strenge soziale Gesetze, z. B. die Rangordnung. Diese Verhaltensmerkmale besitzen unsere domestizierten Pferden ebenfalls. Die soziale Ordnung ist im Haltungsumfeld dringend zu beachten: Gruppierung auf den Weiden und in den Stallräumlichkeiten darf stets nur unter Berücksichtigung der erforderlichen Flächengrößen und der Gruppenverträglichkeit erfolgen. Bei wechselnder Gruppenzusammensetzung sind stets besonders große Stallflächen, breite Verbindungswege und genügend Tränkstellen vorzusehen, da sonst rangniedrige Gruppenmitglieder bei Beengung (ähnlich wie beengt in Boxen gehaltene Pferde ohne Sozialkontakte) unter krank machendem Dauerstress leiden. Ungestörtheit und Sicherheit – vor allen Dingen an ihren Futter- und Ruheplätzen – sind für Pferde wichtige Umweltkomponenten.

Ratsam ist, diese kurz dargelegten Ergebnisse der Verhaltensforschung umzusetzen. Die Verantwortung, die jeder für das ihm anvertraute Lebewesen trägt, ist groß und die damit verbundene Arbeit nicht gering. Sie darf keine Last sein, sondern sollte Freude und Entspannung bereiten – man hüte sich vor Gleichgültigkeit und Bequemlichkeit.

Viel größer als alle Mühe der Weidebewirtschaftung und -pflege ist schließlich die Freude an gesunden, sich in einer naturgemäßen Umgebung wohl fühlenden leistungsbereiten Pferden.

Glossar

Ausläufer
Selbstvermehrungsmethode von Pflanzen. Aus dem Wurzelbereich wachsen Neutriebe heraus, die sich zu selbstständigen Jungpflanzen entwickeln (z. B. Weißklee, Hahnenfuß).

Aussaat
Einbringen von Saatgut auf oder in die Erde. Besonders wichtig sind bei Grasaussaaten Bodenschluss und Bodenwärme sowie Feuchtigkeit, damit die zarten Keimlinge gute Startbedingungen vorfinden.

Bakterienkrankheiten
Bakterielle Krankheitserreger sind eigenständig lebensfähige Schaderreger ohne echten Zellkern. Sie besiedeln lebendes oder abgestorbenes Pflanzenmaterial. In die Pflanze dringen sie meist durch Wunden ein. Durch Bakterien verursachte Symptome sind z. B. Welke, Verfärbung, Fleckenbildung, Fäulnis, Formveränderung, krebsartige Wucherung und Gallenbildung.

Blaualgen
So genannte Cyanobakterien, bilden in der Grasnarbe schwarze, schmierige Flecke (vornehmlich im Winter). Mögliche Ursachen sind unausgewogene Nährstoffversorgung, vor allem Mangel an Kalium. Auch Bodenverdichtung und Staunässe begünstigen die Bildung von Blaualgen (Blaualgen, z. B. aufgenommen mit Wasser aus damit belasteten Pfützen, sind für Pferde und andere Weidetiere sehr giftig).

Boden
Entsteht aus Gestein, das an der Erdoberfläche durch Klimaeinflüsse, Pflanzenwuchs und die Aktivität von Bodenorganismen verwittert. Enthalten sind organische und anorganische Substanzen. Je nach Zusammensetzung unterscheidet man verschiedene Bodenarten.

Bodenarten
Es werden grob unterschieden: a) leichte Böden (enthalten besonders viel Sand und sind nährstoffarm), b) mittelschwere Böden (haben einen hohen Lehmanteil und sind die besten Weideböden; wenn sie sehr hell sind, dann bedeutet das einen Bedarf an Humus), c) schwere Böden (enthalten viel Ton, besitzen gutes Wasser- und Nährstoffspeichervermögen; neigen aber zu Staunässe).

Bodengare
Gesamtheit aller positiven Bodeneigenschaften hinsichtlich Struktur, Luft- und Wasserhaushalt. Wird beeinflusst durch die Aktivität des Bodenlebens, durch Bodenbearbeitung, Bewässerung und Düngung. Eine gute Bodengare (z. B. als günstiges Saatbett) ist erkennbar am lockeren, krümeligen Boden.

Glossar

Bodenhilfsstoffe
Stoffe ohne wesentlichen Nährstoffgehalt, die der gezielten Bodenverbesserung dienen (z. B. Betonit zur Verbesserung leichter, sandiger Böden). Verbessern den Boden in seinen physikalischen, biotischen oder chemischen Eigenschaften und können die Wirksamkeit von Düngern steigern.

Bodenleben
Gesamtheit der Bodenorganismen; sie lockern und durchmischen den Boden, verkleben die Bodenteilchen zu stabilen Krümeln und produzieren den größten Anteil des für das Pflanzenleben wichtigen Kohlendioxids.

Bodenorganismen
Es gibt unterschiedliche Arten von Organismen im Boden: a) Bakterien sind beteiligt an der Zersetzung von organischen Substanzen, binden zum Teil Luftstickstoff, bauen Schadstoffe ab, unterdrücken Schaderreger und sind sehr wichtig für Humusbildung und -abbau; b) Pilze zersetzen Zellulose und Lignin und sind wichtig für die Lebendverbauung des Bodens (Erosionsschutz), binden ebenfalls organische Substanz und wirken Schaderregern entgegen; c) Algen sind Primärproduzenten organischer Masse und können wachstumsstimulierende Substanzen ausscheiden; mit Pilzen können sie eine Lebensgemeinschaft (Symbiose) eingehen und dadurch Flechten bilden; d) Kleintiere (Spinnentiere, Tausendfüßer, Würmer u. a.) zerkleinern, durchmischen oder verdauen organische Substanz, durchlüften den Boden durch ihre Gänge oder leben als Räuber.

Bodentest
Um den pH-Wert (Säuregrad) des Bodens zu messen, gibt es als einfachstes Verfahren ein Testset. Mit diesem Set kann vor Ort in wenigen Minuten geprüft werden, wie es um den Säuregrad des Bodens bestellt ist. Der Säuregrad des Weidebodens sollte (abhängig auch von der Bodenart) immer über fünf, besser über 5,5 bis 6 liegen. Besser als Testsets geeignet sind allerdings Bodenanalysen durch Laborinstitute.

Dünger
Herstellung und Handel von Dünger sind in Deutschland durch das Düngemittelgesetz geregelt (zu beachten sind zusätzlich Spezialvorschriften, z. B. die Gülleverordnung, die u. a. Art, Menge und Zeitpunkt der Gülle-Ausbringung regelt). Nach der Gesetzesdefinition sind Dünger solche Stoffe, die dazu bestimmt sind, unmittelbar oder mittelbar Nutzpflanzen zugeführt zu werden, um ihr Wachstum zu fördern, ihren Ertrag zu erhöhen oder ihre Qualität zu verbessern. Die Düngemittelverordnung legt u. a. bestimmte Düngertypen fest und regelt die genaue Bezeichnung, die Nährstoffgehalte, die Art der Herstellung und äußere Merkmale. Demnach werden mineralische (= anorganische), organisch-mineralische und organische Dünger unterschieden. In organischen Düngern (u. a. Mist, Gülle, Kompost) stammen die Nährstoffe aus organischen, also pflanzlichen und/oder tierischem Rohmaterialien. Damit die Pflanze organische Nährstoffe aufnehmen kann, müssen diese zuvor von den Bodenorganismen umgewandelt werden. Dadurch entsteht ein natürlicher Langzeit-Effekt.
Vorteilhaft für die Wirkung der organischen Dünger ist, dass sowohl Bodenorganismen als auch Pflanzen von den gleichen Umweltfaktoren, nämlich Feuchtigkeit und Temperatur, abhängig sind. Dadurch ist das Angebot an Nährstoffen dann am höchsten, wenn auch die Nachfrage am größten ist. Die Nährstoffe werden bei sachgemäßer organischer Düngung, auch bei Reifkompostdüngung erst dann freigesetzt, wenn sie von den Pflanzen benötigt werden, was Auswaschungsverluste (die bei mineralischen Dün-

Glossar

gern immer zu befürchten sind) stark vermindert.

Extensivnutzung
Bewirtschaftung nach ökologischen Prinzipien = biologisch.

Fettweiden
Intensivweiden, vornehmlich im Nordwesten mit milden Wintern und feuchten Sommern; hauptsächliche Gräser-Kennarten sind Weidelgras (z. B. Welsches Weidelgras oder Englisches Raygras) und Wiesen-Lieschgras; im Voralpenland dominiert dagegen auf Fettweiden der Rotschwingel; für Pferde weniger bis ungeeignet, da stark zuckerhaltiges Milchvieh-Hochleistungsgras Überernährung begünstigt.

Geilstellen
Landwirtschaftlicher Begriff für durch Kot- und Urin-Ausscheidung stark gedüngte und deshalb besonders üppig wachsende Weidevegetation, die aufgrund der Dung-Ekelstoffe von der ausscheidenden Tierart nicht oder erst nach Jahren abgefressen wird; im Rahmen der Weidepflege sind Geilstellen deshalb abzumähen.

Gewässerabstand
Vorgeschriebene (örtlich u. U. differierende) Abstände zwischen a) Gewässern und Zäunen (z. B. drei Meter) sowie b) Gewässern und Gülle- bzw. Spritzmittelausbringungsflächen (z. B. fünf Meter).

Gülle
Flüssigmist aus Exkrementen (Harn, unverdaute Nahrungsreste, abgestorbene Zellen der Darmwand, sonstige organische und anorganische Partikel) und Produktionsabwässern der einstreulosen Nutztierhaltung.

Hauptnährstoffe
Hauptnährstoffe (Stickstoff, Phosphor, Kalium, Kalzium, Magnesium) werden von Pflanzen in größeren Mengen benötigt (neben Spurenelementen, die in kleinen Mengen wirksam sind).

Intensivnutzung
Bewirtschaftung primär nach ökonomischen Prinzipien = konventionell.

Kalzium
Zählt in Form von Kalk zu den Hauptnährelementen; ist unentbehrlicher Baustein für die Zellwände der Pflanze und reguliert gemeinsam mit Kalium den Wasserhaushalt; von besonderer Bedeutung ist Kalzium für das Bodenleben, weil es die Krümelstruktur stabilisiert, die Bodengare fördert und den pH-Wert des Bodens reguliert; wird leicht durch Regen ausgewaschen und muss daher – auch bei Kompostdüngung – immer wieder ergänzt werden. Mangel behindert Bewurzelung und Wurzelwachstum; macht sich oberirdisch an Gelbfärbung bemerkbar.

Kalzium: Phosphor-Verhältnis
Das für Pferde optimale Ca:P-Verhältnis im Futter liegt bei 1,5 bis 2:1; die Kalzium-Versorgung ist bei Weidegang normalerweise ausreichend; bei Versorgung mit Grünfutter von sauren Weiden oder im Herbst beim Abgrasen von überständigem Aufwuchs kann Phosphormangel auftreten.

Kalium
Festigt das Zellgewebe und sorgt für kräftige Wurzeln der Pflanzen, reguliert den Wasserhaushalt und steigert die Fotosyntheseleistung. Bei Kaliummangel leiden Pflanzen schneller unter Wassermangel, Blätter verfärben sich braun.

Glossar

Kompost
Verrottungsprodukt aus pflanzlichen und tierischen Abfällen, entweder in einer Kompostmiete oder (z. B. für Gartenabfälle) in einem Thermokomposter.

Moos
Ansiedlung vor allem bei Staunässe und in Lücken von Grasnarben, die ungenügend gedüngt wurden; oft vorkommend bei niedrigem pH-Wert (unter 5) und Kalkmangel.

Mulchen
Bedecken des Bodens mit einer Schicht organischen Materials, was Austrocknung verhindert und eine stabilere Bodentemperatur bewirkt. Weidenarben vertragen nur geringe Mulchmengen, da bei zu dickem Mulchmaterial (z. B. große Mengen an ausgemähtem Altgras) u. U. Fäulnisprozesse und ein Absterben von Pflanzen durch Lichtmangel die Folge sein kann. Insofern sind Mulchmäher (die ohne Aufsammlung des Materials arbeiten) zur Weidepflege nur bedingt zu empfehlen.

Natrium
Mineralstoff (chem. Zeichen: Na), der zwar für alle Weidetiere lebensnotwendig ist, aber (abgesehen von Meldegewächsen) nicht für Pflanzen. Zuviel Kalium in Boden und Pflanze senkt den Na-Gehalt. Mit einer Tagesration Grünfutter nimmt das Pferd etwa fünf Gramm Na auf. Der Bedarf von Pferden liegt aber bei täglich 20 bis 40 g. Deshalb ist der Natriumgehalt des Grünfutters normalerweise für Pferde erheblich zu gering, weshalb zum Weidegang immer bei sportlich genutzten Pferden, die viel schwitzen, Zufütterung über Viehsalz (NaCl) oder (bei Pferden mit wenig Schweißabsonderung) über Salzlecksteine erforderlich ist.

Nährstoffe
Der Ernährung dienende Verbindungen, die überwiegend über die Wurzeln, aber teils auch von den Pflanzenblättern aufgenommen werden. Die Kombination der notwendigen Nährstoffe sichert das gesunde Wachstum der Pflanzen. Man unterscheidet Hauptnährstoffe und Spurenelemente – entsprechend der Menge, die Pflanzen benötigen. Außerdem nehmen die Pflanzen Sauerstoff und Kohlendioxid aus der Luft auf.

Nährstoffverfügbarkeit
Trotz ausreichender Zufuhr von Nährstoffen in Form von Kompost oder anderen Düngemitteln kann es vorkommen, dass Pflanzen Nährstoffmangelsymptome zeigen. Ursache hierfür kann ein ungünstiger pH-Wert sein. Durch einen zu hohen oder zu niedrigen pH-Wert können Nährstoffe im Boden so festgelegt werden, dass sie für die Pflanze nicht mehr verfügbar sind. Optimal ist ein pH-Wert zwischen 5,5 und 6,5.

Nützlinge
Tierische Gegenspieler zu Schädlingen, die sie dezimieren, nennt man Nützlinge. Zu den Nützlingen zählen z. B. Marienkäfer und Spinnen ebenso wie Vögel und verschiedene Säugetiere (u. a. Igel). Eine »Zwischengruppe« sind die »Lästlinge« wie z. B. Maulwürfe, die einerseits schädliche Engerlinge fressen, andererseits aber auch nützliche Regenwürmer vertilgen und durch Gänge sowie Erdhaufen die Grasnarbe schädigen.

Ökologie
Lehre von den Beziehungen der pflanzlichen und tierischen Lebewesen zueinander und von den Wechselwirkungen der Lebewesen mit der unbelebten Umwelt (z. B. Klima, Boden).

Glossar

Pflanzenschutzmittel
Biologische und chemische Mittel zum Schutz der Pflanzen vor Schaderregern. Solche Mittel erhalten erst nach umfangreicher Prüfung durch das Bundesministerium für Verbraucherschutz, Ernährung und Landwirtschaft die Zulassung.
Laut Pflanzenschutzgesetz dürfen solche Mittel nur mit Beratung abgegeben werden, weshalb Geschäfte die Mittel im Pflanzenschutzschrank aufbewahren. Diese Regelung sagt nichts aus über den Grad der Giftigkeit solcher Produkte. Chemische Mittel sollten grundsätzlich für extensiv genutzte und biologisch bewirtschaftete Pferdeweiden strikt vermieden werden.

Rhizome
Unterirdische Stängel, die auch Blätter tragen können (im Gegensatz zu Wurzeln).

Sauergräser
Riedgrasgewächse (65 Gattungen mit 3.000 Arten, z. B. Seggen), die viel Kieselsäure enthalten und deshalb wenig schmackhaft sind; sie bevorzugen feuchte Standorte (sie sind nicht identisch mit Schilfpflanzen, die zu den Süßgräsern zählen).

Spurenelemente
Nährstoffe (u. a. Eisen, Mangan, Zink, Kupfer, Chlor, Bor, Molybdän), die von Pflanzen nur in geringer Menge benötigt werden; sie sind jedoch für das Pflanzenwachstum ebenso wichtig wie die Hauptnährstoffe (Stickstoff, Phosphor, Kalium, Kalzium, Magnesium). Spurenelemente sind im Kompost sowie z. B. im Urgesteinsmehl enthalten. Mineralischen Düngern müssen Spurenelemente separat beigefügt werden.

Stickstoff
Einer der Hauptnährstoffe für Pflanzen, die damit pflanzliches Eiweiß aufbauen. Mangel zeigt sich durch schwaches Wachstum und gleichmäßig nur hellgrün bis gelbgrün gefärbte Blätter. Bei Stickstoffüberschuss werden Pflanzen weich und färben sich blaugrün; sie werden dadurch anfälliger für Krankheiten und Frost.

Süßgräser
Echte Gräser, die als Getreidearten und Grasarten von Wiesen und Weiden die wesentliche Nahrungsgrundlage für Pferde darstellen.

Systemische Herbizide
Chemische Spritzmittel, die – unabhängig davon, ob alle Pflanzenteile komplett benetzt werden – die ganze Pflanze bis in die Wurzel durchdringen und durch Stoffwechselwirkung total schädigen; anders wirken Kontaktherbizide (z. B. Kalkstickstoff, Hederichkainit), die nur bei starker Benetzung großer Pflanzenteile zur Totalschädigung führen und gegen Quecken oder Sauerampfer mit regenerationsfähigen Wurzelteilen nichts ausrichten können; aus ökologischer Rücksichtnahme sollte man auf chemische Mittel bei der Pferdehaltung verzichten.

Unkräuter
Unerwünschte Pflanzen, die zur falschen Zeit am falschen Ort wachsen. Sie konkurrieren mit den erwünschten Kulturpflanzen. Oft sind es so genannte Zeigerpflanzen, die Auskunft geben über die Beschaffenheit des Weidebodens. Bekämpfung ist durch Jäten, Hacken und Ausgraben, aber auch verstärkte Düngung möglich.

Giftpflanzen

EINIGE HÄUFIGER VORKOMMENDE GIFTPFLANZEN*

Pflanze	Wirkung/ Wirkstoff	Vorkommen	Symptome
Adlerfarn (und andere Farne wie z. B. Wurmfarn)	Thiaminase (= spaltendes Enzym, das Vitamin B1 schädigt)	Wiesen und Weiden am Waldrand	Harnblasentumor, Krämpfe, blutiger Durchfall nach dem Verzehr einiger Kilos
Buchsbaum	Alkaloide (u. a. Buxin); ähnlich extrem giftig wie Eibe (500 g sind bei einem Großpferd tödlich)	Park, Garten, Waldrand	Nervenlähmung, Magen-Darm-Entzündung, Atemlähmung
Eibe	Pseudoalkaloide/Taxicatin (gesamte Pflanze ist extrem giftig, auch die Fruchtsamen - ausgenommen ist nur der rote Samenmantel); schon 50 g können bei einem kleinen Pony tödlich sein; es ist kein Gegenmittel bekannt	Park, Garten, Waldrand (oft auch als Hecke bei historischen Gemäuern zu finden!)	Herz- und Atemlähmung, Magen- und Darmentzündungen, torkelnder Gang und Zusammenstürzen
Eiche	Gerbsäuren in grünen Eicheln und Blättern (Symptome bereits nach eintägigem Fressen großer Mengen)	Alleebäume, Weiderand oder Solitärbaum auf Weiden	Kolik, dunkelbrauner Harn, Nierenschäden
Fingerhut	Digitalisglycoside	Waldrand	Herzlähmung
Goldregen/ Besenginster/ Stechginster	Zytisin, u. a. Ulexin; 100 g Samen tödlich für ein mittelgroßes Pferd	Wald, Park	Erregung, Brechreiz, Taumeln, Muskelzittern, Atemlähmung
Hahnenfuß	Protoanemonin (im Heu sind die Giftstoffe weitgehend neutralisiert und unwirksam); am wenigsten Gift enthält der kriechende Hahnenfuß	Wiesen, Weiden	Weidedermatitis (»Sonnenbrand« der Nase und Fesseln), Durchfall, Darmentzündung, zentralnervöse Störungen (u. a. Muskelzittern), Kreislaufversagen
Herbstzeitlose	Colchicin	Wiesen, Weiden	Atemlähmung
Kreuzkraut/ Greiskraut	Alkaloide	Wiesen, Weiden, Ödland	Leberschäden
Lebensbaum (Thuja)	Thujon	Zierhecken an Häusern und Weiderändern	Schleimhautreizungen des Magen-Darm-Traktes, Leber- und Nierenschäden
Rainfarn	Thujon	weit verbreitet (hat nichts mit Wald-Farn zu tun!)	Abmagerung, Leberschäden

Giftpflanzen

EINIGE HÄUFIGER VORKOMMENDE GIFTPFLANZEN*

Pflanze	Wirkung/Wirkstoff	Vorkommen	Symptome
Sumpfdotterblume	u. a. Alkaloide; spaltendes Enzym, das das Vitamin B1 schädigt	Grabenränder, feuchte Wiesen und Weiden	Abmagerung, Leberschäden
Sumpfschachtelhalm (im Unterschied sind Ackerschachtelhalm und Wiesenschachtelhalm erheblich weniger giftig!)	Alkaloide (u.a. Palustrin, das Vitamin B1 schädigend ist)	Grabenränder, feuchte Wiesen und Weiden	Aufregung, Bewegungsstörungen (z. B. Hinterhandlähmung), Schleimhautreizungen des Magen-Darm-Traktes, Leberentartung

*Das sind nur einige Beispiele ohne Anspruch auf Vollständigkeit oder Gewähr! Merke: Fast immer sind alle typischen Parkpflanzen und viele Hecken (oft aus Liguster, Lebensbaum oder Robinie) hoch giftig. Die Giftwirkung der meisten Pflanzen bleibt im Konservat (Heu + Heulage) ganz oder zum Teil erhalten (vor allem bei Herbstzeitlose und Sumpfschachtelhalm!). Bei Ausritten lasse man Pferde nicht an unbekannten Blumen, Stauden, Bäumen und Sträuchern knabbern. Auch in Gärten gibt es nicht wenige giftige Pflanzen (z. B. Lupinen).

UNKRAUT (= HÄUFIG UNERWÜNSCHTE GRÜNLANDPFLANZEN)

Pflanze	Standort	Besonderheit
Ackerschachtelhalm/ Wiesenschachtelhalm	Wiesen, Weiden, Wegränder	Weitgehend ungiftig; hat im Frühjahr bräunliche Sprosse (im Unterschied zum Sumpfschachtelhalm = grüne Sprosse)
Bärenklau	Wiesen, Grabenränder	Auf Weiden weniger anzutreffen (oft nach übermäßiger Jauche- und Gülledüngung auf Wiesen zu sehen)
Brennnessel	Wiesen, Weiden	Vorkommen sehr häufig; getrocknet schmackhaft und mineralstoffreich; im Übermaß verdrängen Brennnesseln die Gräserarten; manche Brennnesseln bieten Nahrung für Falterraupen!
Ferkelkraut	Wiesen, Weiden	Ähnelt oberflächlich gesehen etwas dem Löwenzahn (hat aber im Gegensatz dazu »pelzige«, leicht behaarte Blätter); wird ungern gefressen; kann nach Berichten australischer Farmer zu Bewegungsstörungen (Ataxie) führen; Ferkelkraut verbreitet sich extrem stark (vor allem bei mangelnder Stickstoffdüngung) und nimmt den Gräsern das Licht = Platzräuber
Giersch	Wiesen, Weiden, Ödland	Nahezu unverwüstlich durch unterirdische Ausläufer
Kratzdistel	Wiesen, Weiden	Bevorzugt lockere Lehmböden, verbreitet sich rapide
Löwenzahn	Wiesen, Weiden	Schmackhaftes Kraut, demnach durchaus nützlich – aber es verdrängt bei Massenwachstum wegen seines Platzbedarfs wertvolle Gräser und führt dadurch auch zur ökologisch unerwünschten Artenarmut der übermäßig damit verkrauteten Weideparzelle
Miere	Wiesen, Weiden, Ödland	Mierenarten sind Platzräuber, die man überall in Narbenlücken findet
Pippau	Wiesen, Weiden	Grundsätzlich durchaus ein Futterkraut, aber es verbreitet sich extrem stark bei mangelnder Stickstoffdüngung und nimmt den Gräsern das Licht
Ampfer (oft Stumpfblättriger Ampfer und Sauerampfer)	Wiesen, Weiden	Zeigt nicht immer saure Standorte an, sondern schmeckt ziemlich sauer (Oxalsäure); muss immer sehr tief ausgegraben werden, da im Erdreich verbleibende größere Wurzelteile u. U. wieder voll auswachsen können

Terminkalender*

Januar
- Anlage eines »Tagebuches«. Darin werden laufend alle wichtigen Arbeiten sowie besondere Vorkommnisse eingetragen, für die es einer Erinnerungsstütze bedarf, z. B. Fütterungsanhaltspunkte der Winterfütterung oder später im Jahr wann, wie oft, wie lange, mit wie viel Tieren die verschiedenen Koppeln besetzt waren; wann, womit, mit welchen Mengen die verschiedenen Koppeln gedüngt wurden; wann, mit welchen Mitteln Wurmkuren und Impfungen bei jedem Pferd durchgeführt wurden; Krankheiten und tierärztliche Verordnungen für jedes Pferd (gleichzeitig ist das alles vom Tierarzt in den Pferdepass einzutragen!); Beschlagtermine, spezielle Beschlagmaßnahmen durch den Schmied.
- Je nach Anzahl der Koppeln und des Pferdebestandes mag es zweckmäßig sein, das »Tagebuch« in Karteiform zu führen, etwa mit farbigen Karten für die einzelnen Koppeln bzw. Tiere.
- Anlage des »Weide-Fahrplanes« betr. Koppelwechsel etc. und des Impf- und Wurmbehandlungsplanes.
- In der ersten Hälfte des Januar spätestens Behandlung der Pferde gegen Magenbremsen-Larven; eventuell auch gegen Bandwürmer (siehe auch Dezember).

Februar
- Weiden noch schonen, Pferde nicht hineinlassen. Altgras und Gestrüpp nicht abbrennen. Gegebenenfalls Nistkästen säubern, damit ab dem Frühjahr die Vögel dort wieder einziehen können.

März
- Wenn trocken genug und frostfrei, dann Weiden abschleppen, wo nötig walzen; vorher den früh austreibenden Sauerampfer tiefgründig ausstechen.
- Kompostdüngung bzw. Grunddüngung (möglichst nach Bodenanalyse und sofern nicht schon im Herbst erfolgt).
- Reparieren von Zäunen, Toren, Ställen (z. B. Dächer) usw.

April
- Ställe und Futterlager gründlich säubern.
- Falls nötig Kopfdüngung (synthetische Stickstoffe).
Danach sollen Pferde die Weide 10 bis 14 Tage nicht betreten.
- Ab Mitte des Monats (abhängig von Klima und Weidewüchsigkeit) allmähliche, stundenweise Gewöhnung ans Weidegras bei Zufütterung von Heu/Stroh (Lecksteine sind auch und gerade bei Weidegang immer erforderlich).

Mai
- Beginn der eigentlichen Weidesaison; zum noch jungen, rohfaserarmen Gras ist Heu-/Stroh-Zufütterung dringend ratsam.
- Lecksteine gehören auf jede Pferdeweide, damit kein Natriummangel entsteht (grasen dort auch Schafe, dürfen Mineralecksteine kein Kupfer enthalten, da Schafe nur eine geringe Kupfertoleranz besitzen).
- Tägliche Zustandskontrolle aller Weidetiere während der gesamten Weidesaison, ebenso Sauberkeit und Verfügbarkeit von Tränkwasser laufend kontrollieren.
- Funktionskontrolle von E-Zaungeräten (Erdungsstab im Sommer angießen!), Zäunen, Toren und sämtlichen Überwachungsinstallationen (z. B. Videokameras).
- Weideneuansaat ab Mai günstig.

Juni
- Beste Heuerntezeit für den 1. Schnitt während der Blüte.
- Grünfutter, das im Stall/Auslauf vorgelegt wird, täglich frisch mähen; bis zum Verfüttern

TERMINKALENDER*

schattig lagern, max. 40 cm hoch, besser noch flacher.
- Erster Reinigungsschnitt (überständiges Gras abmähen), weiterhin nach jedem Umtrieb/Koppelwechsel.
- Heukauf für den Winter (trockene, luftige Lagerung – nicht zusammen mit offenen gelagerten synthetischen Düngemitteln).

Juli
- Falls nötig: Mäßige Stickstoffgabe nach Heuschnitt bzw. nach jedem Umtrieb.
- Überständiges Gras mit Portions-E-Weidezaun abweiden lassen.

Juli/August
- Entwässerungsgräben ausmähen. Geilstellen mähen (falls nicht mit Reinigungsschnitt erledigt).
- Strohkauf: Bedarf je Pferd für das Winterhalbjahr.
etwa drei kg x 200 Tage = 600 kg = 40 bis 50 kleine HD-Ballen.
- Dachreparaturen, Rinnenreinigung, Anstriche usw.

September
- Reinigungsschnitt.
- Bodenanalyse erstellen lassen.
- Nochmals günstiger Termin für Weideneuansaat.
- Ställe vor dem Winter ausbessern, Gräben entschlammen.

Oktober bzw. Oktober/November
- Wo nötig (z. B. bei zu kleinen Weiden oder mangelnder Qualität des Aufwuchses durch Trockenschäden) bereits Zufütterung von Raufutter erforderlich.
- Saftfutter-Wintervorrat einkellern/einmieten (z. B. Runkeln, Möhren, Rote Rüben).
- Kompost- bzw. Grunddüngung erledigen.

November
- Ende der Weidesaison, sonst Schädigung der Grasnarbe.
- Winterfütterung mindestens dreimal täglich unter Dach.
- Tränkwasser: Einfriergefahr beachten.
- Mineral-/Vitamin-Beifutter, Salzleckstein.
- Saftfutter (Möhren usw.) nur soviel vorlegen, wie unmittelbar verzehrt wird (nur grob zerkleinern); Verzehr gefrorener Reste bedeutet Kolikgefahr.

Dezember
- Behandlung der Pferde gegen Magenbremsen-Larven nach tierärztlicher Vorschrift. (Weidepferde sind häufig befallen, deshalb hier außerhalb der normalen Wurmkuren erwähnt).

* Die genannten Termine können sich – je nach örtlichen Wetterverhältnissen und dem jahreszeitlich sich ändernden Witterungsverlauf – verschieben; Wurmkuren sind – auch bei bester Weide- und Stall-Hygiene – mindestens vor dem Weideauftrieb und vor Ende der Weidesaison erforderlich; in Haltungen ohne das an sich erforderliche Absammeln des Kotes von den Weiden und ohne ausreichenden Weideausgleich durch Wiederkäuer muss (insbesondere bei Fohlen und Jungpferden) etwa alle sechs bis acht Wochen mit wechselnden Wirkstoffen entwurmt werden, um den Parasitenspiegel etwas einzugrenzen (Spätschäden an Organen durch ständige Parasitenreinfektion sind auch dann allerdings nie auszuschließen).

Anhang

ANSCHRIFTEN

* Die genannten Stellen erteilen gegen Rückporto Auskünfte und geben Bezugsquellen bekannt. Auch können dort verbandseigene Zeitschriften bezogen werden. In weiteren Ländern Europas und in Übersee bestehen gleiche Institutionen.

Institutionen für ökologische Wirtschaftsweise*

Deutschland
Stiftung Ökologie & Landbau
Weinstraße Süd 51
D-67098 Bad Dürkheim

Forschungsring für biologisch-dynamische Wirtschaftsweise e.V.
Baumschulenweg 11
D-64295 Darmstadt

Österreich
Österreichischer Demeterbund
Gauermanngasse 2
A-1010 Wien

Verband organisch-biologisch wirtschaftender Bauern Österreichs e.V.
Tillysburg 1
A-4490 St. Florian

Schweiz
Auskunftstelle für biologisch-dynamische Wirtschaftsweise
Hügelweg 64
CH-4143 Dornach

Organisch-biologischer Landbau
Möschberg
CH-3506 Großhöchstetten

Vereinigung schweizerischer biologischer Landbauorganisationen
Spaltentorweg 46
CH-4051 Basel

Deutsche Öko-Verbände

Demeter-Bund e.V.
Brandschneise 2
D-64295 Darmstadt
Tel.: 0 61 55 / 8 46 90

Bioland e.V.
Kasierstr. 18
D-55116 Mainz
Tel.: 0 61 31 / 23 97 90

Biokreis e.V.
Regensburger Str. 34
D-93032 Passau
Tel.: 08 51 / 75 65 00

Naturland e.V.
Kleinhaderner Weg 1
D-82166 Gräfelfing
Tel.: 0 89 / 8 98 08 20

Ecovin e.V.
Zuckerberg 19
D-55276 Oppenheim
Tel.: 0 61 33 / 16 40

Ökosiegel e.V.
Barnser Ring 1
D-29581 Gerdau
Tel.: 0 58 08 / 18 34

Gäa e.V.
Am Beutlerpark 2
D-01217 Dresden
Tel.: 03 51 / 403 42 53

Anschriften

Biopark e.V.
Karl-Liebknecht-Str. 26
D-19395 Karow
Tel.: 03 87 38 / 7 03 09

Berufs-/Interessenverbände, Arbeitgeber-/Arbeitnehmer-Organisationen

Zuchtverband für deutsche
Pferde e.V.
Am Allerufer 28
D-27283 Verden
Tel.: 0 42 31 / 8 28 92
Fax: 0 42 31 / 57 80
e-mail: info@zfdp.de
www.zfdp.de

Deutsche Reiterliche
Vereinigung e.V.
Postfach 11 02 65
D-48204 Warendorf
Tel.: 0 25 81 / 63 62-0
Fax: 0 25 81 / 6 21 44
e-mail: fn@fn-dokr.de
www.fn-dokr.de

Bundesfachverband für Reiten und Fahren
in Österreich
Geiselbergstr. 26–32/Top 512
A-1110 Wien
Tel.: +43 / 1 / 7 49 92 61 / 13
Fax: +43 / 1 / 7 49 92 61 / 91
e-mail:office@fena.at
www.fena.at

Schweizerischer Verband für Pferdesport
Papiermühlestr. 40H
CH-3000 Bern 22
Tel.: 0 31 / 3 35 43 43
Fax: 0 31 / 3 35 43 -57 oder -58
www.svps-fsse.ch

Bundesvereinigung der Berufsreiter
(BBR)
Warendorfer Straße 27
D-48291 Telgte
Tel.: 0 25 04 / 93 34 33
Fax: 0 25 04 / 93 34 30
e-mail: geschaeftsstelle@berufsreiterverband.de
www.berufsreiterverband.de
Mitglied im Deutschen Reiter- und Fahrer-Verband e.V.

Deutscher Bauernverband e.V. (DBV)
Postfach 20 04 54
D-53134 Bonn
Tel.: 02 28 / 8 19 80
Fax: 02 28 / 8 19 82 05
e-mail: presse@bauernverband.de
www.bauernverband.de

Deutsche Landwirtschafts-Gesellschaft
(DLG)
Eschborner Landstraße 122
D-60489 Frankfurt
Tel.: 0 69 / 2 47 88-0
Fax: 0 69 / 2 47 88-110
e-mail: Info@DLG-Frankfurt.de
www.dlg.org

Industriegewerkschaft
Bauen-Agrar-Umwelt (IG BAU)
Olof-Palme-Straße 19
D-60439 Frankfurt
Tel.: 0 69 / 9 57 37-0
Fax: 0 69 / 9 57 37-800
e-mail: service-center@igbau.de
www.igbau.de/

Landesverband Gartenbau und
Landwirtschaft Berlin
Boelckestraße 117
D-12101 Berlin
Tel.: 0 30 / 7 86 37 93
Fax: 0 30 / 7 86 50 85
www.landwirtschaftskammern.de/berlin.htm

Anschriften

Landwirtschaftskammer Bremen
Ellhornstraße 30
D-28195 Bremen
Tel.: 04 21 / 16 75 75-0
Fax: 04 21 / 16 75 75-9
e-mail: LWK-Bremen@t-online.de
www.lwk-bremen.de

Landwirtschaftskammer Hamburg
Brennerhof 121
D-22113 Hamburg
Tel.: 0 40 / 78 12 91-20
Fax: 0 40 / 78 76 93
e-mail: lwk.pohl@t-online.de
www.landwirtschaftskammern.de/hamburg.htm

Landwirtschaftskammer Hannover
Johannssenstraße 10
D-30159 Hannover
Tel.: 05 11 / 3 66 50
Fax: 05 11 / 36 65 15 14
e-mail: info@lwk-hannover.de
www.lwk-hannover.de

Landwirtschaftskammer Nordrhein-Westfalen
Schorlemerstraße 26
D-48143 Münster
Tel.: 02 51 / 59 90
Fax: 02 51 / 59 93 62
e-mail: info@lwk.nrw.de
www.landwirtschaftskammer.de/
Hervorgegangen aus der LWK Westfalen-Lippe und LWK Rheinland

Landwirtschaftskammer Rheinland-Pfalz
Burgenlandstraße 7
D-55543 Bad Kreuznach
Tel.: 06 71 / 79 30
Fax: 06 71 / 79 31 99
e-mail: lwk-rp@t-online.de
www.lwk-rlp.de

Landwirtschaftskammer
für das Saarland
Lessingstraße 12
D-66121 Saarbrücken
Tel.: 06 81 / 66 50 50
Fax: 06 81 / 6 65 05 12
e-mail: alfred.hoffmann@lwk.saarland.de
Internet: www.lwk.saarland.de

Landwirtschaftskammer
Schleswig-Holstein
Holstenstraße 106–108
D-24103 Kiel
Tel.: 04 31 / 9 79 70
Fax: 04 31 / 9 79 71 21
e-mail: lksh@lksh.de
Internet: www.lwk-sh.de/
Bildungs- und Beratungszentrum
Kiel-Steenbek (Gartenbauzentrum):
Steenbeker Weg 151-153
D-24106 Kiel

Landwirtschaftskammer Weser-Ems
Mars-la-Tour-Straße 1–13
D-26121 Oldenburg
Tel.: 04 41 / 80 10
Fax: 04 41 / 80 11 80
e-mail: verw@lwk-we.de
www.lwk-we.de

Bodenanalysen

Über die Landwirtschaftskammern können regionale Untersuchungslabors erfragt werden.

Überregionale Labors:

Labor für Bodenuntersuchungen
Dr. rer. nat. Fritz Balzer
Oberer Ellenberg 5
D-67283 Amönau

Bezugsquellen · Literaturverzeichnis

Untersuchungszentrum NRW - LUFA
(ist auf Pferdeweiden spezialisiert)
Anschriften:
Nevinghoff 40
D-48147 Münster
Tel.: 02 51 / 23 76-595 · Fax: -597

Siebengebirgsstraße 200
D-53229 Bonn
Tel.: 02 28 / 43 42-0 · Fax: -202

Westparkstraße 92–96
D-47803 Krefeld
Tel.: 02 151 / 8 78 89-0 · Fax: -99
lufa@lwk.nrw.de

Bezugsquellen

Geräte, Düngemittel und Zubehör zur Weidepflege sind in Raiffeisengenossenschaften und so genannten ländlichen Warenhäusern zu finden.
Im Folgenden werden einige bewährte Bezugsquellen genannt, die aber nur einen kleinen Ausschnitt aus dem Marktangebot darstellen:

Mineralische Düngemittel
(Gesteinsmehle, Algenkalke)
Biofa-Agrar GmbH
Rudolf-Diesel-Str. 2
D-72525 Münsingen

Wurmzuchten
Tacke
Klosterdiek 61
D-46325 Borken

Organische Düngemittel
Neudorff GmbH
An der Mühle 3
D-31860 Emmerthal

Roland-Plocher-Vertriebe:
Deutschland
Roland Plocher™ Energiesystem
Torenstraße 26
D-88709 Meersburg
Tel.: 0 75 32 / 43 33-0
Fax: 0 75 32 / 43 33-10
www.plocher.de

Ansprechpartnerin:
Monika Junius, Dipl. Ing. agr.
· Kompostierhilfsmittel
· Wasservitalisierung
e-mail: energiesystem@plocher.de

Österreich (Importeur)
Christof Weber
Marktstraße 42
A-6845 Hohenems
Tel.: +43 (0) 55 76 / 4 28 07
Fax: +43 (0) 55 76 / 4 30 07

Schweiz (Importeur)
Bernhard Hunziker
Dorfstraße 42
CH-5054 Kirchleerau
Tel.: +41 (0) 62 / 7 26 26 08
Fax: +41 (0) 62 / 7 26 26 04

Literaturverzeichnis

Ahrens, R.: Zweijährige Untersuchungen über die Anfangsentwicklung von Grünlandneuansaaten, Dissertation, Bonn 1955

Aichele, D. und Schwegler, H.-W.: Unsere Gräser, Kosmos-Verlag, Stuttgart 1991

Arnemann, S.: Haltung von Sportpferden unter besonderer Berücksichtigung der Leistung, Dissertation, Hannover 2003

Bachthaler, G. und Diercks, R.: Chemische Unkrautbekämpfung auf Acker und Grünland, Bayerischer Landwirtschaftsverlag, München 1968

Literaturverzeichnis

Bender, I.: Persönliche Mitteilungen, Wienhausen/Kalkar 1995/2004

Bender, I.: Praxishandbuch Pferdehaltung, 1. u. 2. Aufl., Kosmos-Verlag, Stuttgart 1999/2004

Bender, I.: Praxishandbuch Pferdefütterung, Kosmos-Verlag, Stuttgart 2000

Bender, I.: Gentechnisch veränderte Pflanzen – Eine Gefahr für Pferde? Pegasus-Pferdemagazin (3/04), Pegasus Pferde Verlag AG, Goldach (CH) 2004

Bromfield, L.: Out of the Earth, New York 1948

Bruns, U.: Das Jahr der Pferde, Müller Rüschlikon Verlags AG, Cham (CH) 1982

Ellenberg, H.: Aufgaben und Methoden der Vegetationskunde, Verlag Ulmer, Stuttgart 1956

Ende, H.: Die Stallapotheke, Müller Rüschlikon Verlags AG, Cham (CH) 1982

Ende, H.: Was fehlt meinem Pferd?, Müller Rüschlikon Verlags AG, Cham (CH) 1983

Eubel, J.: Orientierende Untersuchungen zum Einfluss von Haltung, Hygiene und Luftqualität in vier deutschen Zuchtbetrieben, Dissertation, Hannover 2004

Franke, W.: Nutzpflanzenkunde, Georg Thieme Verlag, Stuttgart 1985

Haller, A. v.: Die Wurzeln der gesunden Welt, Verlag Boden und Gesundheit, Langenburg 1976

Heynitz, K. v.: Kompost im Garten, Eugen Ulmer GmbH & Co., Stuttgart 2000

Howart, Sir A.: An Agricultural Testament, Oxford University Press 1940

Deutsch, A.: Mein Landwirtschaftliches Testament, Edition Siebeneicher, München 1979

Kasten, J.: Ökonomische Aspekte der dezentralen Dreiecksmietenkompostierung von Bioabfällen aus Haushalten in landwirtschaftlichen Low-Tech-Anlagen und der landwirtschaftlichen Kompostverwertung, Dissertation, Göttingen 2000

Kerkhoff, F.: Chancen und Risiken der Direktsaat aus landwirtschaftlicher und umweltbezogener Perspektive. In Lütke-Entrup, N. und Gröblinghoff, F.-F. (Hrsg.): Bodenbewirtschaftung im Umbruch – ökonomisch effizient, pflanzenbaulich-technisch innovativ und der Nachhaltigkeit verpflichtet, Tagungsband der Fachtagung vom 8. bis 9. 5. 2001, Soest 2001

Klapp, E.: Wiesen und Weiden, Verlag Paul Parey, Berlin und Hamburg 1971

Koepf, Herbert H./Pettersson, Bo-D./Schaumann, W.: Biologische Landwirtschaft, Verlag Ulmer, Stuttgart 1974

Könekamp, A. H.: Der Grünlandbetrieb, Verlag Eugen Ulmer, Stuttgart 1959

König, F.: Die Sprache der Grünlandpflanzen, Verlagsgesellschaft für Ackerbau GmbH, Hannover 1955

Korries, O. C.: Untersuchung pferdehaltender Betriebe in Niedersachsen – Bewertung unter dem Aspekt der Tiergesundheit, Dissertation, Hannover 2003

Pflug, W.: Landschaftspflege, Schutzpflanzungen, Flurholzanbau, Wirtschafts- und Forstverlag, Euting-Neuwied (ohne Jahresangabe)

Preuschen/Brauner/Storhas/Willi: Gesunder Boden – Leistungsstarker Betrieb, Leopold Stocker Verlag, Graz (A) 1977

Rodale, J. I.: Pay Dirt, New York (USA) 1946

Seifert, A.: Gärtnern, Ackern ohne Gift, Biederstein Verlag, München 1974

Voigtländer, G. und Jacob, H.: Grünlandwirtschaft und Futterbau, Verlag Ulmer, Stuttgart 1987

Voisin, A.: Lebendige Grasnarbe, Bayerischer Landwirtschaftsverlag, München 1961

Zeeb, K.: Wildpferde in Dülmen, Hallwag, Bern (CH) 1965

Zeeb, K.: Pferdehaltung unter ethologisch-ökologischen Aspekten, St. Georg 7, Hamburg 1974